예수진교ᄉ패　목록

목록 二

마사졔례는날마다보련하에힝ᄒᆞᄂᆞ니라　九九호

죵도들이ᄒᆞᆼ샹미사ᄅᆞᆯ힝ᄒᆞ샤교우들을노ᄒᆞ여곰셩례ᄅᆞᆯ령ᄒᆞ게ᄒᆞ시니라　一百

죄잇고감히령셩례ᄒᆞᆼᄂᆞᆫ거슬모령이라ᄒᆞᄂᆞ니라　百一

홀노면형으로만령셩례ᄒᆞᆼ여도쥬명을범치아니홈이니라　百二

셩교회에셔면형과밋쥬형으로령셩례ᄒᆞᆼ기ᄅᆞᆯ금ᄒᆞᄂᆞᆫ거슨반ᄃᆞ시연고ᅳ잇슴이니라　百三

죵부셩ᄉᆞᄅᆞᆯ의론홈이라　六十五쟝

죵도들이예수의명령으로젼교ᄒᆞᆯᄯᆡ에죵부셩ᄉᆞ의례졀을힝ᄒᆞ시니라　百四

야고버죵도ᅳᄒᆞᆼ샹병쟈ᄅᆞᆯ권ᄒᆞ샤죵부ᄅᆞᆯ령ᄒᆞ라ᄒᆞ시니라　百五

신픔셩ᄉᆞᄅᆞᆯ의론홈이라　六十六쟝

예수ᅳ쳔히죵도들을픔에올녀쥬교ᄅᆞᆯ삼으시니라　百六

예수ᅳ쳔히문도들을픔에올녀신부ᄅᆞᆯ삼으시니라　百七

신부는반ᄃᆞ시쥬교로말미암아승픔ᄒᆞᄂᆞ니라　百八호

쥬교와신부와부졔삼대픔은신경에긔록ᄒᆞ야실ᄂᆞ니라　百九

텬쥬교에진실노각층신픔이잇ᄂᆞ니라　百十

렬교에셔ᄂᆞᆫ신픔의모든권이도모지업ᄂᆞ니라　百十一

혼빙셩ᄉᆞᄅᆞᆯ의론홈이라　六十八쟝

혼빙셩ᄉᆞ의묘ᄒᆞᆫ도리포함ᄒᆞ야잇슴을셩경에의론ᄒᆞ니라　百十二

부부ᅳ셩존ᄒᆞᆫ동안에둘즁에아모도능히지취ᄒᆞ고긔가ᄒᆞ지못ᄒᆞᄂᆞ니라　百十四

슈졍홈을의론홈이라　六十九쟝

동졍직희ᄂᆞᆫ일을렬교에셔번다히험담ᄒᆞᄂᆞ니라　百十三

ᄌᆞ원으로동졍직희ᄂᆞᆫ쟈ᄅᆞᆯ예수ᅳ찬미ᄒᆞ시니라　百十四

혼빙가비록됴흐나동졍의아름다옴에비기지못ᄒᆞᆯ지니라　百十五

젼교ᄉᆞ가되고져ᄒᆞᄂᆞ쟈ᄂᆞᆫ예수ᅳ특별이명ᄒᆞ샤동졍을직희게ᄒᆞ시니라　百十六

고빅

이 글은 두 교의 진위를 붉이 분별ᄒ야 지은 거시니 뎐쥬셩교와 예수렬교ㅣ라 그 도리가 각각 셔척에 긔록ᄒ야 실녓시니 셩교 도리 쳠됨과 렬교 도리 거즛됨을 분변ᄒ이라 렬교에셔 말ᄒ기를 뎐쥬교는 여러 번 규구를 변ᄒ야 사롬으로 ᄒ여곰 강박히 직회라 ᄒ니 쥭히 밋지 못ᄒ다 ᄒ즉 이 논말노 가히 변벽지 못ᄒ지라 쟝ᄎ 셩교의 신경 구경과 렬교의 신약 구약을 다 본 후에 확실이 진가를 증거ᄒ고 그 ᄆᆞ옴이 열복ᄒ지라 고로 두 교의 신구 량약을 렬람ᄒ고 그 시말과 구졀을 초츌ᄒ야 진교스패ᄒ 췩을 지엇시니 오묘ᄒ 도리를 맛당이 볼

진뎌

진교스매

八

이 칙에 쓴 눈표ㅣ라

一 【신약】 이 표는 렬교 신약의 말을 흔 조도 곳치지 아니흔 고 잇 그러 쓴 거시니라

一 【구약】 이 표는 렬교 구약의 말을 흔 조도 곳치지 아니흔 고 잇 그러 쓴 거시니라

一 혹간가는 글ㅅ로 쌍줄에 쓴 거슨 신구약의 본뜻을 략간 주낸 거시니라

一 【직회】 잇 그러 쓴 바 신약구약의 본뜻을 푼 거시니라

一 【증거】 신구약의 뜻을 안찰ᄒ야 써 뎐쥬교의 참됨을 중거홈이니라

一 【벽파】 신구약의 뜻을 안찰ᄒ야 써 렬교의 거즛됨을 벽파홈이니라

一 이 표 안헤 수목이나 혹 멋마디 말을 쓴 거슨 칙 보눈 쟈로 ᄒ여곰 ᄀᆞᆺ흔 ᄉ졍을 또

( ) 흔 다른 곳에 두루 술펴 온견이 붉이 알아 둣기를 위홈이니라

二

예수ㅣ 교를 셰우시매 그 근본과 빙거를 아오로 조셰히 셩경에 긔록하야 한 곳도를 님이 업는 차라 마태복음 七장 十五졀에 예수ㅣ 갈아샤대 거즛 션지쟈들을 삼갈지어다 더들이 양의 옷슬 닙고 너희게 나오나 속에는 로략하는 싀랑이니 (그 말과 거동과 힝실이라) 더들의 과실노 더들을 올알지니라 하시고 또 마태복음 二十四장 四졀에 예수ㅣ 갈아샤대 너희를 유인하가 쇼심하라 만흔 사룸이 내 일홈으로 와 닐아디 나는 그리스도ㅣ로라 하야 만흔 이를 유인하리라 하시고 또 도힝젼 二十장 二十九졀에 바아로ㅣ 갈아샤대 내가 떠난 후에 겁략하는 싀랑들이 너희 즁에 드러와 무리를 (앗기지 아니할 줄을 아노니) (무리는 맛는) 앗기지 아니하며 또 너희 즁에셔도 피리 한 말을 하는 사룸들이 니러나 데즛들을 쐬와 제게로 좃게 하리니 그런고로 너희 회즁에 조심하야 지내라 하시니라 가히 알지라 예수ㅣ 이 일홈을 무릅쓰고 승던하신 후에 젼교하고 혹 슈빅년 도의 무리가 가망한지라 이 예수의 일홈을 무릅쓰고 조를 모화 혹 슈빅년에 젼교하고 혹 슈십년 젼교하다가 망한지라 근리에 또 한가지 렬교가 잇스니 강셩 후 一千五百년간에셔 시작하니 번야 이졔ᄭ지 三百여년이 된지라 셔양 각국에 둔니며 닐너 갈아디

역하야 닐아면 변박교라 하고 혹 즁졍교라 하니 풀어 말하면 다시 바로잡은 교ㅣ라 임아면 간에 비로소 대한에 들어와 일홈아 갈아디 예수교라 하야 모하는 집은 례비당이라 하야 예수의 거룩 한 일홈을 무릅써 교쥬를 삼으니 이는 덕국 루데루 등이 창셜하엿더니 뎐쥬셩교 교화황씨셔 패류ㅣ라 하시고 교문에 츅출하신지라 루데루 등이 나 갈때에 셩교경셔를 가지고 각국 방언을 ᄡ더라 번역한 거시 잇서 진신치 못하나 그러나 만히 가지고 더브러 비교하면 대동쇼이한지라 제 두 교의 진가를 분변하진되 아직 뎐쥬교 셩경으로 더브러 그 신구량약을 조차 빙거를 삼을지라 맛당이 알지라 예수ㅣ 교를 셰우심은 다만 한 교를 셰우시고 일쯕이 서로 굿지 아니한 두 가지 교를 셰우지 아니하셧느니라 이졔 뎐쥬교와 멸교를 샹고건대 그 두 교의 도리와 규구가 서로 크게 굿지 아니한 줄은 모든 이가 다 안죽 두 교 즁에 일뎡하나 한을 코하나 한 그른지라 셩경을 준힝하야 직희는 쟈는 그 교가 불가불을 홀 거시오 그러치 아닌즉 부득불 그르니 대개 셩경에 뎐쥬의 거룩하신 뜻을 긔록하야 둔 연고ㅣ니라 나ㅣ 이 칙을 져슐하야 특별이 스패를 쵸츌하야 멸록하엿시니 보는 이는 능히 진가를 분변하고 어두온 거슬 솟쟈 아니면 승던한 길이 잇스리니 이는 나의 구구히 원하고 브라라

스패인언

三 예수ᄂᆞᆫ지극히복ᄋᆞ신대쥬ー시라그능히무궁ᄒᆞ시고그지혜가무한ᄒᆞ샤일후에반듹시좌도의그룬의론파거줏ᄂᆞᆷ의일홈ᄋᆞᆯ무릅써속이ᄂᆞᆫ무리가잇슬줄ᄋᆞᆯ알ᄋᆞ시고미리ᄌᆞ셰히말ᄉᆞᆷᄒᆞ시ᄂᆞ니라이에그도리의광대ᄒᆞᆷᄋᆞᆯ궁구ᄒᆞᆫ건대편쥬만방에ᄀᆞ득ᄒᆞ고그강론의진졀ᄒᆞᆷᄋᆞᆯ의론컨대간략ᄒᆞ야능히ᄉᆞ패안회포함ᄒᆞᄂᆞ니ᄉᆞ패란쟈ᄂᆞᆫ진교의빙거와표라비컨대보비로온물건ᄋᆞᆯᄑᆞᄂᆞᆫ장ᄉᆞᄂᆞᆫ본물건에샹표와패ᄅᆞᆯ붓쳐사가ᄂᆞᆫ쟈로ᄒᆞ여곰속지아니ᄏᆡᄒᆞᄂᆞ니예수ー교ᄅᆞᆯ셰우실시ᄉᆞ패ᄅᆞᆯ뎡ᄒᆞ심도ᄯᅩ훈이ᄯᅳᆺ이라그런고로셰샹사룸이무숨교ᄅᆞᆯᄀᆞᆯ회여봉힝코져ᄒᆞ면모룸죽이몬져교의패호ᄅᆞᆯ슬펴볼지니네가지패호가온젼이ᄀᆞ촌교ᄂᆞᆫ조차힝ᄒᆞᄂᆞᆫ거시가ᄒᆞ고넘려ー업거니와만일ᄉᆞ패가온젼이업거나혹네가지즁ᄒᆞ나히라도업ᄂᆞᆫ교도모지예수의뎡ᄒᆞ신교ー아니오비록무숨됴훈거시잇서도결단코능히구령승텬ᄒᆞ지못ᄒᆞᄂᆞ니라그런죽ᄉᆞ패ᄂᆞᆫ무어시뇨ᄀᆞᆯ온지극히ᄒᆞ나히오ᄀᆞᆯ온지극히거룩ᄒᆞ교ᄀᆞᆯ온지극히공번되고ᄀᆞᆯ온종도로조차젼ᄒᆞ야ᄂᆞ려옴이니라그러므로이칙ᄋᆞᆯ네편에ᄂᆞᆫ화각편에각각훈패호ᄅᆞᆯ의론ᄒᆞ고ᄯᅩ훈편ᄋᆞᆯ붓쳐셩ᄉᆞ칠졔ᄋᆞᆯ

의론ᄒᆞ시다 신약구약을 잇그러 즁거ᄒᆞ엿시니 뭇춤내 바야흐로 진교ᄉᆞ폐ᄂᆞᆫ 훌노 런쥬교에 만잇ᄂᆞᆫ 줄을 안죽 런쥬교ᄂᆞᆫ 진실도 예수의 셰우신바 진교ㅣ오 럴교ᄂᆞᆫ ᄉᆞ패가 도모지 업ᄂᆞ니라

◎ 뎨일편은 예수의 젼교ㅣ 지극히 ᄒᆞ나히 됨을 의론홈이라

四 엇지ᄒᆞ야 지극히 ᄒᆞ나히라 ᄒᆞᄂᆞ뇨 지극히 ᄒᆞ나히라 홈은 둘히 업단 말이나 표함ᄒᆞ야 뜻이 둘히 잇스니 셩교즁에 도리가 균일ᄒᆞ고 교즁 모든 권을 훈 사룸이 롱령ᄒᆞ니 그러훈바ᄂᆞᆫ 예수ᄂᆞᆫ 지극히 진실ᄒᆞ샤 속이지 못ᄒᆞ시ᄂᆞᆫ 교로 교즁에 명ᄒᆞ신 각 단 도리가 결단코 능히 서로 불합치 못ᄒᆞ며 훈 소졍을 이 사룸의게 고ᄒᆞ야 글으ᄃᆡ 이러타 ᄒᆞ엿시면 반ᄃᆞ시 다른 사룸의게 고ᄒᆞ야 굴으ᄃᆡ 더러타 ᄒᆞ지 못홈이니 이러므로써 예수의 진교룰 알지라 비록 만방에 젼홀지라도 그 도리와 그 권이 부득불 ᄒᆞ나히 ᄒᆞᄂᆞ니라

五 신약을 잇그러 교즁 도리가 지극히 ᄒᆞ나히 됨을 즁거홈이라

[신약] 요한복음 十七쟝 二十졀 예수ㅣ 굴으샤ᄃᆡ 내가 이 사룸들(종도들을 룩침이라) 만 위ᄒᆞ야 비옵ᄂᆞᆫ 거시 아니옵고 또 뎌의 말을(젼코ᄒᆞᄂᆞᆫ 말이라) 나룰 밋ᄂᆞᆫ 사룸도(일후에 종도들의 젼교ᄒᆞᄂᆞᆫ 말을 듯고 만민아 나룰 밋을 쟈ㅣ라) 위ᄒᆞ야 비옵ᄂᆞ

너뎌들 노ᄒᆞ여곰 다ᄒᆞ나ᄒᆞ되게ᄒᆞ샤 부ᄭᅥ 나ㅣ 안회계

시교 내가 부 안회 잇ᄂᆞᆫ 것ᄀᆞᆺ치뎌들 (이후에 밋음은쟈 ᄀᆞᄅ침이라) 도우려 등

안회 잇게ᄒᆞ샤 셰샹이 부ᄭᅥ 나룰 보내신 거슬 밋게ᄒᆞ옵

쇼셔 내게 주신 영화룰 (청례셧스로 주심이라 / ᄂᆞᆫ셩부ᄭᅥ쳐 주신바ㅣ라) 내가 뎌들의

게주어 (쒸 주심이라) ᄒᆞ나히 되게ᄒᆞ 기룰 부와 나와 ᄒᆞ나히 된

것ᄀᆞ게ᄒᆞ 오니 내가 뎌들 안회 잇고 부ᄭᅥ셔 내 안회 계셔뎌

룸으로 밋어 밧들어 ᄒᆞ나ᄒᆞ되게ᄒᆞ오 ᄯᅩᆺ 사룸이 셩부와 셩ᄌᆞ의 ᄯᆺ이 합ᄒᆞ야 지극히 공

번되이 것ᄒᆞ여 ᄒᆞ나히 되고 각기 다ᄅᆞᆫ 길노 ᄒᆞᆼ치 아니케 ᄒᆞᆷ이니 예수의 구ᄒᆞ신 바룰 셩부ᄭᅥ

진고ᄉᆞ패

四

예수ㅣ 셩부ᄭᅥ 긔구ᄒᆞ샤 몬져 전도ᄒᆞᄂᆞᆫ 죵도들을 위ᄒᆞ야 긔구ᄒᆞ시뇨 죵도로 ᄒᆞ여곰 도리룰 젼ᄒᆞ고 뭇사 (운)

[집회] 람을 만만을 위ᄒᆞ야 긔구ᄒᆞ셧시니 뇨 죵도들을 위ᄒᆞ야 긔구ᄒᆞ시고 후에 눈 그 도룰 밋 (운)

셔 반드시 윤허ᄒᆞ신 것ᄀᆞ로 교와 도룰 젼ᄒᆞ고 밋ᄂᆞᆫ쟈의 형셰 반드시 지극히 ᄒᆞ나ᄒᆞ니라

[七신약] (에베소셔 四쟝 三졀) ᄉ도 바울이 ᄀᆯㅇ디 화평홈으로 련합ᄒᆞᆷ 즁에

셩신이 ᄒᆞ나히 되게ᄒᆞ신 거슬 젼력ᄒᆞ야 직회라 몸도 ᄒᆞ

나히오 셩신도 ᄒᆞ나히니 (잇슴을 ᄀᆞᄅ침이라 / 호령혼이라) 부ᄅ심을 닙은 부ᄅ심의 ᄇᆞ라ᄂᆞᆫ바 도 ᄒᆞ나

이 ᄀᆯ고 우들을 (잇슴을 ᄀᆞᄅ침이라) 이 ᄀᆺ치 너회들

히라 슈도 ᄒᆞ나히오 밋음도 ᄒᆞ나히오 (밋ᄂᆞᆫ바 도리가 도모지ᄒᆞ 모양입을 ᄀᆞᄅ짐어라)

[직회] 사룸의 몸애 비록 스지ᄇᆞᆨ데 잇스나 도모지ᄒᆞ 육신과 훈령혼에 둘님ᄀᆺ치 부ᄅ심을 밧

은 교민들도 비록 만ᄒᆞ나 훈가지로 덛당의 훈복을 ᄇᆞ라며 훈가지로 훈쥬룰 밧들어 셤기

니 훈가지로 밋ᄂᆞᆫ도리 도 부득불 ᄒᆞ나ᄒᆞ리라 이ᄂᆞᆫ다 훈쥬의 명ᄒᆞ신 연고ㅣ니라 그러므로 너회ᄂᆞᆫ

[八신약] (마태복음 二十八쟝 十八졀) 예수ㅣ 나와 널너 ᄀᆯㅇ샤ᄃᆡ 하늘과 ᄯᅡᆼ회ᄂᆞᆫ

모든 권을 다 내게 주셧시니 (구던 쥬셩부ㅣ 라) 예수ㅣ 나와 널너 ᄀᆯㅇ샤ᄃᆡ 하늘과 ᄯᅡ 그러므로 너 회ᄂᆞᆫ

[증거] 가모든빅셩으로뎨ᄌᆞ를삼아부와ᄌᆞ와셩신의일홈으로쎼례를베플고무어시던지내가너희게분부ᄒᆞᆫ거슬 다ᄀᆞ르쳐직회게ᄒᆞ라

（두주: 죵도들을ᄀᆞᆯ우침이들이라）　（곁주: 분부ᄒᆞ신 각단도리라）

죵도들이렬국에쥬류ᄒᆞ야젼교홀시도리ᄂᆞᆫ각사름의亽亽의견으로말ᄒᆞ옴이아니오

오직예수의분부ᄒᆞ신교훈이라그러므로만방교민이셩교의모든삿츨밋고준힝ᄒᆞᄂᆞ니

셰불가불셔로ᄀᆞᆺᄒᆞ야오직ᄒᆞ나히됨을가히알지라

八 [증거] 우희잇ᄂᆞᆫ신약삼장을안찰ᄒᆞ야러던쥬교에셔밋ᄂᆞᆫ도리와직회ᄂᆞᆫ규구를사회ᄒᆞ

건대진실노지극히ᄒᆞ나히니라대략말ᄒᆞ진대런쥬교ᄂᆞᆫ종도로로브터이제ᄭᆞ지서로젼ᄒᆞ

되ᄀᆞᆺ이밋고준힝ᄒᆞ야직회ᄂᆞᆫ모든삿치네로브터즉금ᄭᆞ지서로ᄀᆞᆺ지아님이업고쥬교와

신부ᄂᆞᆫ교화황의명의를밧아던하만방에가서젼교홀시비록각디방에머므르나젼교ᄒᆞ

ᄂᆞᆫ바모든삿과요긴ᄒᆞᆫ도리가다룸이잇슴을보지못ᄒᆞ고각각말이ᄀᆞᆺ지아님을듯지못ᄒᆞ

지라ᄯᅩ보런하교민을의론컨대비록풍속과인졍은각디방을ᄯᅡ라ᄀᆞᆺ지아니ᄒᆞ나준힝ᄒᆞ

야직회ᄂᆞᆫ교즁요긴ᄒᆞᆫ도리ᄂᆞᆫ균시일반이오ᄯᅩ셩ㅅ칠젹을의론컨대도쳐에여합부졀이

라당초에예수ㅣ셩부ᄭᅴ긔구ᄒᆞ신삿과（ᄯᅩ일편에보라）종도들을명ᄒᆞ샤젼교보내실

쎄뎡녕이부탁ᄒᆞ신말솜과ᄯᅩ훈바오로종도의훈회ᄒᆞ신경계로더브러인쳔것ᄀᆞᆺ치온젼

이훈갈ᄀᆞᆺᄒᆞ나라（ᄯᅩ六호와七호에보라）

九 혹이글으ᄃ런쥬교안희뎡훈쳠례와지쇼ᄂᆞᆫ각디방이서로ᄀᆞᆺ지아니ᄒᆞ고ᄯᅩ학ㅅ들

이변론ᄒᆞᆯ쎄에의견이ᄀᆞᆺ지아니ᄒᆞ니이ᄂᆞᆫ지극히ᄒᆞ나히라ᄒᆞᄂᆞᆫ패호와합지아닐듯ᄒᆞ도

다만답ᄒᆞᄃᆡ이말을ᄒᆞᄂᆞᆫ쟈ᄂᆞᆫ런쥬교에대경대법의도리도잇고용권ᄒᆞᄂᆞᆫ규모도잇슴을

아지못훔이로다대경대법의도리ᄂᆞᆫ다런쥬ㅣ명ᄒᆞ신바ㅣ니혹셩경에실녀잇거나혹셩

젼에（ᄯᅩ七十一호에보라）보존ᄒᆞ야잇ᄂᆞᆫ거시니쳔츄만ᄃᆡ액부득불ᄒᆞ나히오권을쓰

ᄂᆞᆫ규모ᄂᆞᆫ교화황이ᄯᅡ와풍속을ᄯᅡ라혹엄ᄒᆞ고혹너그럽게권을쓰시ᄂᆞᆫ거시오ᄯᅩ교즁학

스들이리치를궁구ᄒᆞᄂᆞᆫ거ᄉᆞᆫ격물학문에속ᄒᆞ거시니ᄌᆞ연각각의론이분분ᄒᆞ나런쥬교

도리로더브러ᄒᆞᆫ말도샹판이업ᄂᆞ니라비컨대련옥의유무를의론컨대셩경에실녀잇ᄂᆞᆫ

신덕도린고로（ᄯᅩ六十三호에보라）셩교즁에셔ᄒᆞ나토밋지아니ᄒᆞᄂᆞᆫ이업ㅅᄃᆡ만일

련옥이어ᄂᆞᆺ곳에 잇ᄉᆞ믈을 의론ᄒᆞ면 각 사롬의 소견이 굿지 아니ᄒᆞ리니 대개 이ᄂᆞᆫ 겨물학에 속ᄒᆞᆫ 거시오 뎌ᄂᆞᆫ 신덕 도리에 속ᄒᆞᆫ 연고ᅵ니라

十 우회 신약 삼쟝을 안찰ᄒᆞ야 렬교의 도리와 법률을 사회ᄒᆞ건대 능히 ᄒᆞ나히 되지 못ᄒᆞ나 엇짐이뇨 대개 예수의 친히 뎡ᄒᆞ신 대경대법과 ᄯᅩ 그 교즁에 요긴ᄒᆞ고 다ᄒᆞᆫ 예수의 셩례 셩혈이 면병과 포도쥬 형샹 안희 계신 도리를 루테루의 무리ᄂᆞᆫ 실노 밋어 의심홈이 업거ᄂᆞᆯ 갈비노의 무리ᄂᆞᆫ 박려 밋지 아니ᄒᆞ고 혹은 말ᄒᆞᄃᆡ 뎐쥬ᄂᆞᆫ 지극히 신령ᄒᆞ샤 형샹이 업스시니 밧졋례로써 공경ᄒᆞᄂᆞᆫ 거시 불가ᄒᆞ다 ᄒᆞ고 혹은 말ᄒᆞ기를 눈으로 보ᄂᆞᆫ 거슨 무ᄋᆞᆷ을 감동ᄒᆞ기 쉬오니 밧졋례를 부득불 쓸 거시라 ᄒᆞ고 혹은 말ᄒᆞᄃᆡ 예수ᅵ 일죽 다ᄉᆞᆺ 가지 셩스를 셰우셧다 ᄒᆞ고 혹은 말ᄒᆞᄃᆡ 세 가지 셩스를 셰우셧다 ᄒᆞ야 이러듯ᄒᆞᆫ 말이 무수ᄒᆞ니라 당초에 루테 등이 신경 요리를 뎡ᄒᆞ엿더니 그 후에 문도ᅵ 브려 준ᄒᆡᆼ치 아니ᄒᆞ고 별달니 새로 규구를 챵셜ᄒᆞᆯ 시 의론이 분분ᄒᆞ야 각각 교를 셰워 지금 삼빅여년에 각ᄉᆞ 스억견으로 고집ᄒᆞ고 능히 ᄒᆞᆫ가지로 ᄒᆞ나히 되ᄒᆞ지 못ᄒᆞ니 그 교즁에 모든 글을 살펴보면 낫치 가히 샹고ᄒᆞᆯ 거시오 ᄯᅩ 이졔 날 그 교즁에 ᄒᆞᆫ 신경샹과 크게 셔로 어긋나ᄂᆞ니라 (ᄯᅩ 五호 六호 七호에 보라)

十一 신약을 잇그러 교즁 권병이 지극히 ᄒᆞ나히 됨을 즁거홈이라
신약 에페소 一쟝 二十二졀 ᄉᆞ도 바울이 ᄀᆞᄃᆡ 만물이 그 (그리스도) 발 아래 복죵ᄒᆞ게 ᄒᆞ시고 ᄒᆞ뎐쥬ᅵ 셩부ᅵ 복죵 만물 우회 교회의 머리를 삼으셧시니 교회ᄂᆞᆫ 곳 그 몸이라 (교회의 머리오ᄂᆞᆫ 그리스도ᅵ오)

十二 신약 마태복음 十三쟝 四十一졀 예수ᅵ 글ㅇ샤ᄃᆡ 인즈ᅵ 그 쳔신을 보내여 그 나라회셔 (ᄀᆞ교회라 혼) 모든 범죄케 ᄒᆞᄂᆞᆫ 쟈들과 악ᄒᆞ 힝ᄒᆞᄂᆞᆫ 쟈들을 (이교회 안에 션인과 악인이 경ᄒᆞ야 잇ᄉᆞᆷ을 ᄀᆞ룩홈이라) 침이 사츌ᄒᆞ야 불가마에 더지리니

十三 신약 마태복음 十一졀 十三쟝 예수ᅵ 글ㅇ샤ᄃᆡ인즈ᅵ (예수즈긔를 ᄀᆞ릭치심이라)

十四 신약 마태복음 十쟝 二졀 예수ᅵ 글ㅇ샤ᄃᆡ 대개 텬국은 집 (ᄀᆞ교회를 침ᄀᆞ룩)

라이
쥬인이 이른 아츰에 나가 품군을 엇어
(젼고 사룸을 흠을이불라너)
포도동
산에
(교회를ᄀ 침이라)
드려보냄과 굿ᄒ니

[신약] 에페소셔 五쟝 二十二졀
ᄉᆞ도 바울이 골ᄋᆞ되 부녀가 된쟈여 쟝부의
게 순복ᄒ 기를 쥬끼 순복ᄒ 듯ᄒ라 대개 쟝부가 부녀의 머
(부에 되시눈고 교회의 눈졍)
리가 됨이 또ᄒᆞᆫ 그리스도가 교회의 머리가
(그리스도의 결부 릭침이라 / 됨을ᄀ릭침이라)
됨과 굿ᄒ니 그가 친히 몸의 구쥬ㅣ시니
라 교회가 그리스도끠 순복홈 굿치 부녀들도 모든 일에 쟝
부의게 순복홀지니라 쟝부가 된쟈여 안히를 ᄉᆞ랑ᄒ 기를
그리스도가 교회를 ᄉᆞ랑ᄒ샤 위ᄒᆞ야 몸을 ᄇᆞ려 심ᄭᅥᆺ 치ᄒ
라

진고ᄉᆞ쾌

七

一

[신약] 마태복음 五쟝 十四졀
예수ㅣ 골ᄋᆞ샤ᄃᆡ 너희들은 셰샹의 빗치니
(산 샹에 운셩이 숨기이지 못홀거시)
오
(셩읍은 교회를 비유ᄒ고 산 샹에 크게 나타남을 비유홈이라)

[진고] 우 신약 오쟝의 뜻을 도모지 총결ᄒ니 셩경 예셩교회를 ᄒᆞᆫ 몸에 비유ᄒ고 엿신즉 그
회가 련하에 크게 나타남을 비유홈이라

ᄒᆞ엿신즉 그 관쟝이다 만ᄒᆞ나 ᄒᆞ니 일노 말미암아 보건대 셩교회의 모든 권이 ᄒᆞᆫ 웃듬의게
믜임을 가히 알거시오 그러치 아니ᄒᆞ야 ᄒᆞᆫ 몸에 두 머리가 잇신즉 괴물이 될거시오 ᄒᆞ나라
희 두 님군이 잇신즉 그 나라히 필경 어즈러올지니라
十五 [신약] 요한복음 十六졀
예수ㅣ 골ᄋᆞ샤ᄃᆡ 또 내게 다룬 양이 잇
(지아 아직 너도 외 야ᄀᆞ만 ᄒᆞ야 마치 혼 다사룬 사룸이 내의 고 양에 양이들)
셔 이 우리에 들지 아니ᄒᆞᆫ지라

내 양의 우리에 쇽ᄒᆞ지 아님ᄀᆞᆺ다 ᄒᆞ심이라

배가 ᄭᅳ러야 홀터히 나며 도 내 소리를 듯ᄒᆞᆫ 무리 되여 교목쟈의 게 잇ᄉᆞ리니

셩통으로ᄡᅵᆫ인도ᄒᆞ고 사룸으로ᄡᅵᆫ내 교화황외권에쇽ᄒᆞᆷ이라 교의도리를밋고 내고의규구를직희게ᄒᆞ야화ᄒᆞ야ᄡᅵᆫ내곰 ᄒᆞᆫ셩교회사룸이ᄒᆞᆫ가지로

[젹뎌] 이 일쟝을 안찰ᄒᆞᆫ건대 교즁도리도 ᄒᆞ나히오 교즁권병도 ᄒᆞ나히 됨을 붉이 증거ᄒᆞᄂᆞᆫ 도다 대개 셩교회 논양의 우리ᄀᆞᆺ고 교민은 양의 무리ᄀᆞᆺᄒᆞ야 ᄒᆞᆫ가지로 ᄀᆞᆺᄒᆞ도리를 밋스며 ᄀᆞᆺᄒᆞ 규구를 직희ᄒᆞ며 여러히 ᄒᆞᆫ목쟈의 소리를 드러ᄒᆞ여곰 ᄒᆞᆫ무리를 합ᄒᆞ야 일우고 ᄯᅩᄒᆞᆫ가지로 ᄒᆞᆫ목쟈의 게 쇽ᄒᆞᆷ이 심히 붉으니라

十六 혹 이글ᄋᆞᄃᆡ 셩경의 붉은 ᄒᆞᆫ계를 빙거ᄒᆞᆫ건대 교회의 모든 권이 반듯시 ᄒᆞᆫ 웃듬의 게 미이ᄂᆞᆫ거시 과연 올ᄒᆞ나 그러나 ᄒᆞᆫ 웃듬은 이에 교회의 쥬쟝되시ᄂᆞᆫ 예수를 ᄀᆞᄅᆞ침이니 대개 교회ᄂᆞᆫ 예수 받고 다른 사룸은 능히 쳔단ᄒᆞ야 쥬쟝ᄒᆞ지 못ᄒᆞ고 그 권도 ᄯᅩᄒᆞᆫ 예수ᄂᆞᆫ 홀노 시나 그러나 셰샹을 ᄯᅥ나 승텬ᄒᆞ신 후ᄂᆞᆫ 교즁 모든 사룸이 능히 예수ᄭᅴ 쳔히 갓가이 가셔어려 온ᄉ 졍을 품달홀 수 업고 ᄯᅩ 예수ᄂᆞᆫ 신령ᄒᆞ시고 젼능ᄒᆞ신 대 쥬ᅵ시라 ᄯᅢᄯᅢ로 셰샹에ᄂᆞᆫ 려 오샤 교회를 다스리시기가 어렵지ᄂᆞᆫ 아니ᄒᆞᆫ일이나 그러나 자조 발현ᄒᆞ샤 몸소 훈회ᄒᆞ시고 인도ᄒᆞ시지 아니ᄒᆞ신 죽 예수 외에 불가불ᄒᆞᆫ 웃듬이 셰샹에 잇서야 홀지라 이 셰샹에 웃듬은 교회를 창셜ᄒᆞᆫ 웃듬이 아니오 오직 예수를 ᄯᅵᆯ신 ᄒᆞᆫ야 모든 권을 맛ᄒᆞ신 웃듬이니 이눈 베드루 슈종도ᅵ니라 가히 증거ᄒᆞᆯ만 ᄒᆞᆫ 도리를 이 아래 ᄌᆞ셰히 보라

진교ᄉᆞ데

(량교 합변쳑에 잇ᄂᆞᆫ말) ᄃᆡ답ᄒᆞᄃᆡ 진실노 텬쥬ᅵ 아니시면 뉘 을 잡앗다 ᄒᆞᆷ은 엇짐이뇨 려 오샷 교회를 다스리시기가 어렵지ᄂᆞᆫ 아니ᄒᆞᆫ일이나 감히 망녕되이 교회를 셰우리 오마ᄂᆞᆫ 예수의 의향이 특별이 ᄒᆞᆫ사룸을 간퇵ᄒᆞ샤 교회의 웃듬을 삼고져 ᄒᆞ심은 큰연고ᅵ 잇스니 대개 예수ᅵ 승텬ᄒᆞ시기젼은 교회의 모든 권을 당신 이 쳔히 잡으셧시매 그ᄯᅢ 죵도와 교민들이 무솜어려온 일을 맛나면다 예수ᅵ 쳔히 갓가이 가셔어려 온ᄉ 졍을 품달홀 수 업고 ᄯᅩ 예수ᄂᆞᆫ 신령ᄒᆞ시고 젼능ᄒᆞ신 대 쥬ᅵ시라 ᄯᅢᄯᅢ로 셰샹에ᄂᆞᆫ 려 오샤 교회를 다스리시기가 어렵지ᄂᆞᆫ 아니ᄒᆞᆫ일이나 그러나 자조 발현ᄒᆞ샤 몸소 훈회ᄒᆞ 시고 인도ᄒᆞ시지 아니ᄒᆞ신 죽 예수 외에 불가불ᄒᆞᆫ 웃듬이 셰샹에 잇서야 홀지라 이 셰샹에 웃듬은 교회를 창셜ᄒᆞᆫ 웃듬이 아니오 오직 예수를 ᄯᅵᆯ신 ᄒᆞᆫ야 모든 권을 맛ᄒᆞ신 웃듬이니이 눈베드루 슈종도ᅵ니라 가히 증거ᄒᆞᆯ만 ᄒᆞᆫ 도리를 이 아래 ᄌᆞ셰히 보라

十七 一예수ᅵ 몬저 시몬의 일홈을 곳쳐 베드루라 부르시고 미리 셩교회의 긔셕을 삼으

[신약] 요한복음 一쟝 四十二졀

심을 즁거ᄒᆞᆷ이라

一예수ᅵ 잇글고 예수ᄭᅵ로 오니 예수가 보시고 골ᄋᆞ샤ᄃᆡ 네가 요나의 아ᄃᆞᆯ 시몬이니 요ᅵ

안드뢰아가 그 아ᄋᆞ 시몬을 드리고 와 ᄭᅥ옴으로

시몬의 부친 일홈이라

예수를 뵈ᄋᆞᆸ게ᄒᆞᆷ이라

둘시 몬이니 쟝 쳣게바ㅣ라 흐리라 흐시니 게바는
아 예수ㅣ 밧고 주신 일홈이오
번역흔즉 베드루러라

오쥬예수ㅣ 처음으로 시몬을 보시고 닐ㅇ샤디 네
에 네 아비라 나ㅣ 일죽 아노라 그러나 나ㅣ 이제 네 일홈을 밧고 아베드루라 일홈흐니 풀어
닐ㅇ면 반셕이라 그 연고로 궁구흐건대 반드시 집혼 뜻이 잇눈지라 대개 일후에 예수ㅣ 반
드시 베드루로써 셩교회의 긔초롤 삼으실 연고로 마리 그 일홈으로써 뜻을 뎡흐시니라

十八 二 예수ㅣ 과연 베드루를 뎡흐샤 셩교회의 긔초롤 삼으시고 아 오로 련국 열쇠 권을
주심을 증거흠이라

마태복음 六쟝 十五졀
션역

예수ㅣ 골ㅇ샤디 너희는 나를 눠라 흐느냐
예수ㅣ 몬쳐 그... 시몬을

ㅣ 더답ㅇ야 골ㅇ디 쥬는 그리스도ㅣ시오 셩존 신상제
시몬베드루ㅣ 본 일홈은 시몬을

의 아돌이시니이다
가 이 말을 보매 베드루ㅣ신 줄을 알앗도다 예수

야 골ㅇ샤디 시몬바요나ㅣ 네가 복이 잇도다
예수ㅣ 디답ㅇ

라 흠을 알게 흐시고 이제 지 확실이 명흐심이라
불ㅇ흐여곰 쳔일에 무숨 연고로 일홈을 밧고 아베
드루라

알게 흠이 아니오
내가 련쥬의 참아돌됨을
손혈육련 잇눈 사룸이 네게

에 계신 내부가 알게흐심이라도 네게 닐ㅇ느니
력 쳐 준 바ㅣ 아니오거
룸이 네게 구게 됨을 가 알고 중거흐

드루라 내가 이 반셕 우회 나의 교회를 셰우리니
반셕이라 나ㅣ 쟝초 내 셩교회를 이 밤셕 우회 셰
우리라 흐심이니 의 향과 일홈 뜻이 다 마쳣도다

긔지 못흐리라 내가 련국 열쇠를 네게 주리니
예수ㅣ 련국 열쇠를 홀노 베드루흔
의 권셰가이 옥이라
음부 이디

하늘에셔도 밀거시오 네가 따 회셔 무어시던지 풀면 하늘
사룸의 쳔단흐게만
은 야 가지셧신 쥭 다론 종도 들
지 못흐누니라
네가 따 회셔 무어시던지 미면
네가 따 회

에셔도 풀니라 ᄒᆞ시고

[직회] 직히셩교회를셰우는군긔와텬국열쇠를주시는ᄉᆞ졍를예수ㅣ홀노베드루혼사롬만디ᄒᆞ야말솜ᄒᆞ시꾜다른종도들은비록ᄒᆞᆷᄢᅴ잇시나더브러말솜ᄒᆞ지아니시니라베로브터태셔각국은미양열쇠로써권셰쟈로를삼는교로어진님군이나라홀샤양ᄒᆞ매경셩열쇠로써사롬의게주고패혼쟝슈ㅣ항복ᄒᆞ매ᄯᅩ혼셩문열쇠로써뎍국에붓치ᄂᆞ니예수도그ᄯᅢ풍속을ᄡᅥ라뎐국열쇠로써베드루의게주심은곳셩교회의젼권으로써홀노베드루의게주심이니라

十九 三예수ㅣ부활ᄒᆞ신후에베드루의게보텬하교민을총찰ᄒᆞ야다스리는직분주심을증거홈이라

[신약] 요한복음 二十一쟝 十五졀

예수ㅣ시몬베드루드려닐ᄋᆞ샤ᄃᆡ요나의아돌시몬아네가이사롬들보다나롤더ᄉᆞ랑ᄒᆞᄂᆞ냐ᄒᆞ시니ᄃᆡ답ᄒᆞ티쥬여그러ᄒᆞ오이다쥬롤ᄉᆞ랑ᄒᆞᄂᆞᆫ줄을쥬ㅣᄭᅵ셔알ᄋᆞ심ᄂᆞᆫ이다ᄒᆞ니ᄭᅮᆯᄋᆞ샤ᄃᆡ내양을치라ᄒᆞ시고

ᄯᅩ이ᄎᆞᆯᄋᆞ샤ᄃᆡ요나의아돌시몬아네가나롤ᄉᆞ랑ᄒᆞᄂᆞ냐ᄒᆞ시니ᄃᆡ답ᄒᆞ티쥬여그러ᄒᆞ오이다쥬롤ᄉᆞ랑ᄒᆞᄂᆞᆫ줄을쥬ᄭᅵ셔알ᄋᆞ심ᄂᆞᆫ이다ᄒᆞ니ᄭᅮᆯᄋᆞ샤ᄃᆡ내양을치라ᄒᆞ시고

ᄯᅩ삼ᄎᆞᆯᄋᆞ샤ᄃᆡ요나의아돌시몬아네가나롤ᄉᆞ랑ᄒᆞᄂᆞ냐ᄒᆞ시니삼ᄎᆞᆯ말삼ᄒᆞ시기롤내가나롤ᄉᆞ랑ᄒᆞᄂᆞ냐ᄒᆞ심으로베드루가근심ᄒᆞ야(이근심홈은독실치못홀가두럽어ᄒᆞᆷ요졍)뎌쥬여알지못ᄒᆞ심이업소온즉내가쥬롤ᄉᆞ랑ᄒᆞᄂᆞᆫ줄을쥬ᄭᅵ셔알ᄋᆞ심ᄂᆞᆫ이다ᄒᆞ니예수ㅣ굴ᄋᆞ샤ᄃᆡ내양을치라

[격언] 예수ㅣ당신이셰샹을ᄯᅥ나실긔약이쟝ᄎᆞᆺ갓가온줄을알으시고모든종도ㅣ홈ᄢᅵ잇

진교ᄉᆞᄇᆡ

슬때에 셩교회를 다스리는 온젼흔 권으로써 오롯이 베드루흔 사람의게 홀노 주시니라 그러나 이 소임은 심히 즁흐고 극히 어려오매 불가 지혜와 용밍이 아오로 온젼흐교 지조와 덕이 겸흐야 구초아야흘 거시오 또 일쥬흐는 졍셩이 진졀흐여야흘 지니 그러치 아니면 결단코 능히 이 칙임을 감당치 못흘 지라 그러므로 베드루ㅣ 진짓 일쥬흐는 졍셩이 임의 잇슴을 스스로 싱각흐는 고로 세번 무르시매 세번 디답흐야 글으디 쥬여 나ㅣ 너를 사랑흐는 줄을 알으시느이다 흐고 예수도 두세번 베드루를 명흐야 글으샤디 내 고양을 치라 흐시매 베드루ㅣ 예수를 디신흐야 양의 무리를 다스릴식 곳 진도로써 ᄀ르치고 기르며 규계로써 인도흐야흐여곰 다 뎐당 곳은 길노 힝케흐느니라 일노조차 또흔 가히 알지라 므릇 좌도와 그론의 독흔 풀이 잇스면 베드루ㅣ 양의 목쟈 된 본분으로 응당 양의 무리를 금흐야흐여곰 샤도에 물들지 못흐게흐고 또흔 그 독흔 풀을 맛보지 못흐게흐느니

二十四 예수ㅣ 베드루의게 특별이 주샤 셩경을 풀어써 만민을 ᄀ르치디 능히 그릇치지 못흐게흐심을 증거흠이라

신약 루가복음 二쟝三十一졀

쥬ㅣ 글으샤디 시몬아 시몬아 (우치심이녀쩌 거듭불너) 사탄이 너희를 구흐야 엇어 밀을 까부느 것과 ᄀ치 너희를 (마귀가 좌도와 이단으로써 너희를 들고 유감흐다흐심이라)(기를 마치 밀을 키질흠갓치흐고 쳐흐다흐심이라) 까불녀흐나 내가 너를 위흐야 긔도흐야 (위흐야긔 베드루흔 사람을 특별이) 너의 밋음으로흐여곰 업서지지 아니케흐느니 (업서지다흐은흐다말 어너 마치 널으시되 나ㅣ) 너는 스스로 두루 킨 후에 너의 형예를 견고케흐라 ……리와 샹반된 거 슬흐지 못흐게흐리라흐 때에 신덕도 (너로흐여곰 졍경을 풀고 규구를 명흐리라흐심이라) 회두흐다 말이니 즈긔가 몬져 회두 후에 너흠을 회두베흐라흐심이회두라 고네쯔 즁인의 신력을 견고케흐라흔의신력이라

혼다음에 밋는 무리의 신덕을 견고학게 학시니라 사룸을 해학야 디옥에는리게 학는 페단

이또혼 두가지 잇스니 곳 망녕되이 밋음과 망녕되이 힝홈이라 이러므로 구령스졍에 조당

되는 의심이 잇스면 곳 혼번 베드루 안젼에 나아가 판단홈을 기드려 그대로 준힝홀거시니

(三十二호에보라) 이권을 베드루ㅣ 여러번 힝학시니라 (쏘二十三호에보라) 맛당이 알

지라 여수ㅣ 베드루의게 도리 판결학는 권을 비로소 셩신강림후에 주셧신즉 셩신강림젼

은 혹 그릇침이 잇실지라도 괴이혼바ㅣ 아니니라

廿一 五셩수들이 모든 종도들의 일홈을 괴록홀때에 혼샹 베드루의 일홈을 웃듬으로 괴

록홈을 증거홈이라

[신약] 마태복음 十쟝二졀 십이뎨주의 일홈은 좌와ス흥니 첫재는 (웃듬어룬) (운)

베드루라 학는 시몬이오 (운)

[신약] 누가복음 六쟝十三졀 뷕으매 그 뎨주들을 부르샤 그 즁에셔 열두 (운)

사룸을 간퇴학야 소도라 닐큰시니 베드루라고도 혼신

十二

[신약] 마가복음 三쟝十四졀 열두사룸을 세우샤 ス거와 혼가지로 잇게 (운) (운)

학시고 베드루라 일홈을 주션 시몬과 (운) (운)

[셕의] ᄉ도힝젼 一쟝十三졀 니르러며 들이 머므는 다락에 오르니 (여석십긔)

신이 강도ㅣ 혼가지로 거거학야 셩림학심을 기드리너라

우희 신약스쟝을 보건대 모든 셩수들이 다 예수ㅣ 주신 일홈으로써 베드루를 존칭학

고 (쏘十七호에보라) 쏘언약지아니학고 베드루를 혼샹 츄존학야 십이종도 일홈 우희 첫

재로 괴록홈은 베드루가 다른 종도보다 년치가 놉혼 연고도 아니오 다른 종도보다 몬져 종

도로 쎕헌 연고도 아니라 오직 예수ㅣ 베드루를 뎡학샤 종도즁에 웃듬어룬을 삼으신 연고

ㅣ니라

廿二 六셩경에 괴록학엿시디 종도들이 무숨일을 혼가지로 홀때에 혼샹 베드루를 션봉

으로 삼음을 증거ᄒᆞᆷ이라

[신약] ᄉᆞ도힝젼 二쟝 十四졀

베드루가 열흔 ᄉᆞ도와 흔가지로 홈끠 셔셔 소리를 놉혀 ᄒᆞ야 ᄀᆞᆯ ᄋᆞᄃᆡ 모든 사ᄅᆞᆷ이 이 말을 듯고 ᄆᆞ음에 찌르는 것과 곳 ᄒᆞ야 베드루와 다른 ᄉᆞ도들ᄃᆞ려 무러 ᄀᆞᆯ ᄋᆞᄃᆡ 형뎨들아 우리 등이 엇지 홀고 ᄒᆞ거ᄂᆞᆯ ᄃᆡ 너희 회기ᄒᆞ야 각각 예수 그리스도의 일홈으로 셰례를 밧고 죄 샤홈을 엇으라 ᄒᆞᆫ 사ᄅᆞᆷ이 셰례를 밧으매 이 날에 뎨ᄌᆞ의 수가 삼쳔이나 더ᄒᆞᆫ지라

(운) 종베드루들은 묵묵히 드룸이라 · 다른 사ᄅᆞᆷ의게 ᄃᆡ답ᄒᆞ기를 잠잠 샤양ᄒᆞ매 베드루ᄒᆞ · 三十七졀 · 四十一졀 론 베드루의 강ᄒᆞᄂᆞᆫ 말

[진고] 진고ᄉᆞ매
종도들이 흔번 셩신을 령ᄒᆞ고 젼교ᄒᆞ고 져 홀시 이에 베드루ㅣ 웃듬으로 몬져 예수의

十三

진교ᄉᆞ매

신교를 찬양ᄒᆞ매 모든 종도와 뎨ᄌᆞ들은 다 묵묵히 베드루의 졍대히 셔셔 강론홈을 엄슉히 듯더니 강론을 ᄆᆞᆺ ᄎᆞ매 령셰ᄒᆞ기를 구ᄒᆞᄂᆞᆫ 쟈ㅣ 삼쳔인이 남으니라

[신약] ᄉᆞ도힝젼 三쟝 一졀

베드루와 요ᄒᆞᆫ이 셩뎐에 올나 갈시 나ᄂᆞᆫ 면셔 좌각 된쟈를 셩뎐에 들어 가ᄂᆞᆫ 사ᄅᆞᆷ의게 구걸ᄒᆞ고 져ᄒᆞ더니 베드루와 요ᄒᆞᆫ이 셩뎐에 들어 감을 보고 구걸ᄒᆞ거ᄂᆞᆯ 베드루ㅣ ᄀᆞᆯ ᄋᆞᄃᆡ 은과 금은 내게 업거니와 내게 잇ᄂᆞᆫ 거ᄉᆞ로 네게 주노니 곳 나사렛 예수 그리스도의 일홈으로 ᄒᆞ야 힝ᄒᆞ야 둔니라 ᄒᆞ고 올흔 손을 잡아 니ᄅᆞ키니 발과 굼치뼈가 곳 힘을 엇은지라 ᄯᅱ여 니러 셔 힝보ᄒᆞ며 베드루가 이룰 보고 빅셩의게 말ᄒᆞᄃᆡ 이스라엘 사ᄅᆞᆷ들아

(운) 이라 젹홈 · 六졀 · 十二졀 · 명ᄃᆡ · 요왕은 비록 ᄀᆞᆺ치 잇ᄉᆞ나 잠잠ᄒᆞ야 베드루의 ᄒᆞᄂᆞᆫ 말 바룰 보고 드룰 ᄯᅥᄅᆞᆷ이러라 베드 · 가 념경ᄒᆞ고 셩뎐에 들어

【강해】 웃경에 긔록혼 바ᄂᆞᆫ 베드루가 웃듬으로 셩겨울 나타낼시 예수의 셩명을 의지ᄒᆞ야 좌
각된 쟈ᄅᆞᆯ 명ᄒᆞ야 니르켜 힝케홈으로써 예수의 진교ᄅᆞᆯ 증거홈이니라

【신약】 ᄉᆞ도힝젼 쟝十五절 (절一) 그 때에 모든이 수가 ᄒᆞᆫ 일ᄇᆡᆨ 이십 명이나 되
눈지라 베드루가 그 형뎨즁에셔셔 굴ᄋᆞ디 (운 악도유다스 가목미여죽스)
엿시매 ᄒᆞᆫ 사ᄅᆞᆷ을 들어 (깁고겨ᄒᆞ야 말홈이라 三十절)
뎌들이 두 사ᄅᆞᆷ을 굴ᄒᆡᄂᆡ ᄒᆞᆫ 사ᄅᆞᆷ은 요
셉이오 (운 둘재눈) 맛듸아ㅣ라 (모든이가 베드루외 말을 곳차 드)
야 굴ᄋᆞ디 모든이의 ᄆᆞᄋᆞᆷ을 알ᄋᆞ시는 쥬여 이 두 사ᄅᆞᆷ 즁에
늭가 쥬의 간퇵ᄒᆞ신 바ㅣ 되여 ᄉᆞ도의 직분을 맛흘 쟈ᄅᆞ 뵈
이쇼셔

【강해】 웃경에 긔록혼 바ᄂᆞᆫ 유다스가 쥬ᄅᆞᆯ 판죄ᄅᆞᆯ 인ᄒᆞ야 스스로 목ᄆᆡ여 죽엇시매 베드루가
모든이 압희셔 그 ᄉᆞ정을 말ᄒᆞ고 ᄒᆞᆫ 사ᄅᆞᆷ을 간퇵ᄒᆞ야 그 위ᄅᆞᆯ 깁고져 ᄒᆞ매 모든 종도들이 슌
죵치 아니ᄒᆞᄂᆞᆫ 이 업서 이에 마디아ᄅᆞᆯ 튁션ᄒᆞ야 종도ᄅᆞᆯ 삼으니라

진교ᄉᆞ괘　十四

【신약】 ᄉᆞ도힝젼 쟝四절 (四절) 말을 (ᄒᆞᄂᆞᆫ도리강론말) 듯ᄂᆞᆫ 사ᄅᆞᆷ 즁에 밋ᄂᆞᆫ 쟈ㅣ 만호
니 남ᄌᆞ의 수가 거의 오쳔이나 되더라 뵈ᄂᆞᆫ 날에 유ᄉᆞ와 쟝
로와 셔 거관들이 예루살넴에 모혓ᄂᆞᆫᄃᆡ (운 운종도들의 젼고 운홈욜금ᄒᆞ랴)
ᄉᆞ도들을 가온대 셔게ᄒᆞ고 (압령ᄒᆞ야 관가 압회 쉐움이라라)
모힘이라려 공론ᄒᆞ려 (절七) 무ᄅᆞ
뎌너회들이 무슴 권셰와 뉘 일홈으로 이 일을 (된베드루가 좌 쟈롭 명ᄒᆞ야 각)
힝ᄒᆞ엿ᄂᆞ냐 베드루가 셩신이 츙만ᄒᆞ야 굴ᄋᆞ디 빅 (운 내 말을 드르 운라홈이라)
셩의 유ᄉᆞ와 쟝로들아

【강해】 웃경에 긔록혼 바ᄂᆞᆫ 신교ㅣ 처음으로 힝ᄒᆞ매 관쟝과 민쟝들이 힘써 엄금ᄒᆞ나 베드루
가 앙연이 관쟝 압회셔셔 셩경을 인증ᄒᆞ야 도리ᄅᆞᆯ 변론홀시 다ᄅᆞᆫ 종도들은 잠잠이 드ᄅᆞ니
라

신약

스도ᄒᆡᆼ젼 五쟝一졀

아나니아라 ᄒᆞᄂᆞᆫ 사ᄅᆞᆷ이 잇ᄉᆞ니 그 안히 삽비라로 더브러 뎐쟝을 풀아 그 갑술 밧아 얼마를 금초매 그 안히도 안지라 얼마를 가져다가 ᄉᆞ도의 발 압희 두니 베드루ᅵ ᄀᆞᆯ ᄋᆞᄃᆡ 아나니아야 엇지ᄒᆞ야 사탄이 네 ᄆᆞᄋᆞᆷ에 ᄀᆞ득ᄒᆞ야 셩신을 속이ᇰ고 ᄯᅡᆼ갑 얼마를 금초앗ᄂᆞ냐 아나녀아ᅵ 이 말을 듯고 곳 업더져 혼이 ᄯᅥ나니 이 일을 듯ᄂᆞᆫ 사ᄅᆞᆷ이 다 크게 두리ᄒᆞᆫ시 반즘 되여 그 안히가 그 ᄒᆡᆼᄒᆞᆫ 일을 알지 못ᄒᆞ고 들어오니 베드루ᅵ ᄀᆞᆯ ᄋᆞᄃᆡ 녜 ᄯᅡ 흘픈 갑시 이뿐이냐 말ᄒᆞ라 ᄒᆞ니 ᄀᆞᆯ ᄋᆞᄃᆡ 녜 이뿐이로라 ᄒᆞᄃᆡ 베드루ᅵ ᄀᆞᆯ

ᄋᆞᄃᆡ 너회들이 ᄒᆞᆫ가지로 ᄢᅥ ᄒᆞ야 쥬의 셩신을 시험ᄒᆞ려 ᄒᆞᄂᆞ냐 곳 베드루의 발 압희 업더져 혼이 ᄯᅥ나ᄂᆞᆫ지라 회즁과 므릇 듯ᄂᆞᆫ 사ᄅᆞᆷ들이 다 크게 두리더라

웃경에 긔록ᄒᆞᆫ 바는 부부 두 사ᄅᆞᆷ이 교즁 규구룰 직희지 아니혼 고로 베드루ᅵ로 몬져 엄벌ᄒᆞ매 곳 ᄯᅡ희 업더져 죽으니 회즁 모든 사ᄅᆞᆷ이 이 일을 듯고 두리지 아니혼 이 업ᄉᆞ니라

廿三

셩경

스도ᄒᆡᆼ젼 十五쟝一졀

두어 사ᄅᆞᆷ이 유대로 브터 ᄂᆞ려와 형뎨들을 ᄀᆞᆯ쳐 ᄀᆞᆯ ᄋᆞᄃᆡ 만일 모세의 법대로 할례를 밧지 아니면 능히 구원을 엇지 못ᄒᆞ리라 ᄒᆞ니 바리ᄉᆡ교 즁에 잇는 두어 사ᄅᆞᆷ이 면 규례를 직희라 ᄒᆞᄃᆡ 만일 아니 직희 구령ᄒᆞ지 못ᄒᆞ리라 ᄒᆞᆷ이라

님ᄋᆡ 밧드ᄂᆞᆫ 쟈ㅣ룰 밋고 니러나 말ᄒᆞ디 다ᄅᆞᆫ 나라 사룸을 할례룰 주고 모세의 률법을 직회라 명ᄒᆞᄂᆞᆫ 거시 맛당ᄒᆞ다 ᄒᆞ더라

ᄉᆞ도와 쟝로들이 이 일을 의론ᄒᆞ려 모혀 크게 변론ᄒᆞᆫ 후에 베드루가 니러나 말ᄒᆞ디 ……

니훈이 업스니 우리 신약 여섯 쟝의 뜻을 통합 안찰ᄒᆞ건대 당초에 교중에 무슴 큰 ᄉᆞ졍이 의견이 달나 능히 합일치 못ᄒᆞ더니 베드루ㅣ 이에 ᄒᆞᆫ 말노 결단ᄒᆞ매 모든 이 가다 슌죵치 아니ᄒᆞᆫ 바ᄂᆞᆫ 모든 종도들이 예루살넴 경셩에 모혀 교중 규구룰 의론ᄒᆞᆯ시 각각 모든 이가 침묵ᄒᆞ잇셔 (운운)

잇ᄉᆞ면 ᄒᆞᆼ샹 베드루ㅣ ᄒᆞᆫ 사룸이 변론ᄒᆞ고 디답ᄒᆞ야 샹치 아니ᄒᆞᄂᆞᆫ 베드루의 권과 위가 홀노 놉흠을 볼이이 증거홈이 아니냐 뉘가 만일 말ᄒᆞ기룰 베드루가 교회의 머리와 ᄉᆞ도의 어룬이 되고 아오로 일동의 온젼ᄒᆞᆫ 권과 웃듬 위룰 잡은 거시 가ᄒᆞ 밋브나 그러나 베드루ㅣ 죽은 후에ᄂᆞᆫ 그 일동의 권과 웃듬 위가 반드시 남아 잇지 아닐듯 ᄒᆞ며 혹 십이 ᄉᆞ도의 위룰 니은 회독들이 (회독은 쥬교라) 그 권을 논화가 질듯 ᄒᆞ다 ᄒᆞ면 이 말은 만만코 불가ᄒᆞ니 쳥컨대 이 아래 셩경 말ᄉᆞᆷ을 보라

廿四 (신약) 마태복음 二十八쟝 二十졀 예수ㅣ 굴ㅇ샤디 나ᄂᆞᆫ 셰샹 끗날ᄭᅥ지 너회와 ᄒᆞᆼ샹ᄒᆞᆫ 가지로 잇ᄉᆞ리라 ᄒᆞ시더라

廿五 (신약) 루가복음 一쟝 三十三졀 텬ᄉᆞㅣ 굴ㅇ디 셰셰로 야곱의 집에 (집은 셩교회룰 침이라) 왕이 되샤 그 나라히 (나라도 셩교회룰 침이라) 무궁ᄒᆞ리라

(셩교) 우희 신약두 쟝을 안찰ᄒᆞ건대 예수ㅣ 셩교회로 더브러 영영히 셔로 ᄯᅥ나지 아니ᄒᆞ기룰 허락ᄒᆞ셧시니 셩교회의 젼권도 ᄯᅩ ᄒᆞᆫ 영영히 만셰에 보존ᄒᆞ야 던디 죵궁션 지니룰 줄을 가……

히 알니로다 만일 베드루ㅣ 죽으매 이 권도 ㅼ호흠씌 업서 진즉 그 나라 훌디 신ㅎ야 다스릴
님금이 업스며 그 집을 딕신ㅎ야 다스릴 쥬쟝이 업슬 거시오 혹 혼 나라 희 두 님금이 잇교 혼
집에 두 쥬쟝이 잇슬 거시니 이 두 가지는 다 셩경말솜과 서로 어거러짐이니라

廿六 【증거】 우희 신약 모든 편을 안흠ㅎ야 뎐쥬셩교의 모든 권을 사회ㅎ건대 ㅍ연 일동이
잇는지라 대략 말ㅎ노니 예수ㅣ 베드루롤 셰워 셩
혼 권을 밧아 가지고 로마경도에 가샤 위롤뎡ㅎ시
승하ㅎ실시 위쥬치명ㅎ시니 예수 강싱후 六十七
은 반드시 위로써 젼ㅎ고 위는 반드시 사룸으로
늬노는 강싱후 七十八년에 승하ㅎ시니 지위 十一
후 九十一년에 승하ㅎ시니 지위 十二년이오 그 위
년에 승하ㅎ시니 지위 九년이라 이와 굿치 위롤니
비오뎨 십위에 니르히 二百六十여 위라 디디로서
드루의 위롤니 엇시니 셩교회롤 총셥ㅎ는 권은오

단치 못ㅎ느니라 베드루ㅣ 웃듬으로 몬져 로마에 가샤 위롤뎡ㅎ시고 ㅼ 로마에셔 붕ㅎ
신고로 므릇 로마쥬교의 위롤 닛는쟈롤 존칭ㅎ야 닐ㅇ티 로마교황이라ㅎ고 교눈 로마
교라ㅎ느니 실노 예수ㅣ 친히 뎡ㅎ신 교ㅣ오 ㅼ권을 밧쳐 베드루의게 맛겨주신 고로 게게
승승ㅎ야 로마의 교황이 잇눈지라 이제 뎐쥬교에셔 교황은 진실노 베드루의 놉흔 위롤
니으신쟈ㅣ시오 셩교회의 머리시오 모든 쥬교의 어룬이시오 (ㅼ十二호에보라) 뎐
조로브터 셔민에 니르히 므릇 구령스졍에 관계되는 일은 다 불가불 교화황의 명을 뎡죵ㅎ
의 나라와 집을 딕신ㅎ야 다스리눈쟈ㅣ로 알아 공경ㅎ느니라 (ㅼ十三호와 十四호에보라) 예수
셩교회의 모든 교우눈 몸과 굿고 교화황은 이몸의 머리 굿ㅎ시니 (ㅼ十二호에보라) 런
기룰마 치예수씌 순명ㅎ흠과 굿치 훌거시오 (ㅼ二十一호에보라) 셩교회눈 한양의 우리와
ㅎ양의 무리 굿고 교화황은 그 혼목쟈 굿ㅎ니라 (ㅼ十五호에보라) 베드루눈 반셕이라ㅎ
니고 로즉금 교화황이 셩교회의 긔초 반셕이라ㅎ야 훌 노던국 열쇄롤 잡으시니 쥬교신부
의 미고 푸눈 권이다 교화황으로조차 오느니라 (ㅼ十八호에보라) 셩교회 안희 만일 법을
범ㅎ눈 무리와 그룬 도리룰 론ㅎ눈쟈ㅣ 잇스면 교화황의 본직으로 응당 훈계ㅎ시고 금

ᄒᆞ시ᄂᆞ니 교즁인이 불가불 다 명대로 슌죵ᄒᆞᆯ지니라 (ᄯᅩ十五호와 十九호에 보라) 일노조
차가히 알지라 텬쥬교 교화황 운셩 교회의 모든 권을 홀노 잡으시니 신약으로더 브러낫낫
치합ᄒᆞ야 일호도 어김이 업ᄂᆞ니라 이에 ᄒᆞᆫ말노 써쓰로 데스당의 게고ᄒᆞᆫᄂᆞ니 예수교회일
등의 권을 영영히 보존ᄒᆞᄉᆞ 교화황의 게 맛겨 주심은 다른 연고ㅣ 아니라 오롯이 교즁도리
와 률법을 보호ᄒᆞ야 ᄒᆞ여곰이 단이분 잡ᄒᆞ야 사람을 ᄯᅥ라 변역지 아니케 ᄒᆞ고 곳턴디죵궁
셕지니르러 굿치ᄂᆞ니라 (ᄯᅩ二十四호와二十五호에 보라)
廿七 우희 신약 모든 편을 안흠ᄒᆞ야 렬교를 사ᄒᆡᆨ건대 일동의 권이 도모지 업ᄂᆞ니
라 대개 렬교에셔눈 넷날에 베드루ㅣ 예수의 명령으로 모든 종도의 어룬이 됨을 밋지아니
ᄒᆞ고 ᄯᅩ교회의 온젼ᄒᆞᆫ권을 베드루가 예수ᄭᅴ 홀노 밧음을 밋지아니ᄒᆞ고 이제ᄯᅩ베드루의
위를 니은 로마교화황ᄊᆡ 슌명치아니흠이니 뎔교눈 도모지 신약으로더 브러 샹반됨이 뷬
이나타나ᄂᆞ니라 (ᄯᅩ十七호로브터二十四호ᄭᆞ지보라) ᄯᅩ렬교의 시말을 샹고ᄒᆞᆫ대 헛
되고 거즛됨이 더옥 나타나니 대개 렬교눈 루레로와 갈비노와 헨ᄂᆞ리고 세사람이 셰운거
시라 루레로눈 강싱후 一千四百十三년에 나고 갈비노눈 一千五百九년에 나고 헨ᄂᆞ리고

눈 一千四百九十一년에 나셔 이셰 사람이 원리 텬쥬셩교를 밧들다 가힝위가 아름답지아
ᄒᆞ고 예수ㅣ 뎡ᄒᆞᆫ 신교법을 직희지아님을 인ᄒᆞ야 교화황ᄊᆡ 기졀벌을 밧으니라
마태복음 十八쟝 十五졀에 예수ㅣ ᄀᆞᄅᆞ샤ᄃᆡ 사람이 죄를 범ᄒᆞ거든 가셔 칙ᄒᆞ되 네말을 듯
지아니ᄒᆞ거든 교회에 말ᄒᆞ고 교회의 말도 듯지아니ᄒᆞ거든 외교인과 세리와 굿치 녁이라
ᄒᆞ셧시니 이러므로 이셰 사람이 교화황의 츅츌흠을 닙고 분이복발ᄒᆞ야 각각ᄒᆞᆫ 교를 셜시
ᄒᆞ니 셔양 각국에셔눈 다 루테로 교라 닐ᄏᆞ라 그 사람의 일홈으로 그 교를 일홈ᄒᆞᄂᆞ니라 그
교의 시초를 샹고ᄒᆞᆫ건대 세가지로 눈호여 지금ᄭᅡ지 젼ᄒᆞᆫ지 불과 삼빅년이로디 그동안회
변ᄒᆞᆫ기눈 삼빅가지나 더 되ᄂᆞ니라 대개 그 교를 밋눈쟈ㅣ 각각ᄒᆞᆫ 무리를 심은즉 도가 임의
ᄶᅡ개지고 교도 ᄯᅩ ᄒᆞᆫᄶᅵ여짐이오 ᄯᅩ 각국 목슈눈 다 제나라교의 두목이 보낸즉 서로 련합흠
도 업고 초례로다 스림도 업스니 그 교즁에 일동의 권이 업눈 거시 의심업시 명빅ᄒᆞ며 ᄯᅩ렬
교시 작ᄒᆞᆫ기젼을 의론컨대 一千五百년이라 예수렬교 잇단 말을 셰샹에 듯지못ᄒᆞ엿시니
임의 예수교가 업셧신즉 반드시 이 일동의 권도 업눈 거시 ᄯᅩ ᄒᆞᆫ명빅ᄒᆞ니라

◉ 데이편은예수의젼교ㅣ지극히거룩ㅎ믈의론ㅎ이라

廿八 지극히거룩ㅎ다ㅎ믄무어시뇨지극히거룩ㅎ믄순젼이선ㅎ다말이니대개예수눈모든거룩ㅎ믈의근원이되시오만션의근본이되시는고로그셰우신바교도불가불순젼이션ㅎ고국진히아룸다오니라지극히거룩ㅎㅣ네가지ㅿ이잇스니 一은교룰셰우신쥬쟝이거룩ㅎ믈이오 二눈교룰셰우신의향이거룩ㅎ믈이오 三은교즁법률이거룩ㅎ믈이오 四눈교즁에만ㅎ사룸이거룩ㅎ이니라뎐쥬교눈이네가다거룩ㅎ즉그교룰거룩ㅎ교ㅣ라ㅎ믈이엇지가치아니리오아모교뎐지만일이네가지거룩ㅎ믈이온젼이업거나혹ㅎ가지라도쌔지면거룩ㅎ교ㅣ라칭ㅎ지못ㅎ지니이제신약울잇그러뎐쥬교가네가지로거룩ㅎ믈을증거ㅎ노라

廿九 一교룰셰운쥬쟝이진실노거룩ㅎ니라
【신약】 루가복음 一쟝三十五졀 텬ㅅ가뎌답ㅎ야굴ㅇ뎌셩신이쟝ㅊ네게림ㅎ시고지극히놉ㅎ신쟈의능력이너룰덥ㅎ시리나

진고쇼패 ▼ 十九
예수가셩지ㅣ대셩인되심을ㄱ룩침이라

실쟈가거룩ㅎ쟈ㅣ오 샹뎨의아ㄷ이라
닐ㅋ르리라

【신약】 신약과구약에구셰쥬예수ㅣ라찬숑ㅎ야명목이무수ㅎ니예수눈다만뎐상디하에근셩인이되실ㅅ분아니라텬국에도불ㅅ 二교룰셰우신뜻이진실노거룩ㅎ니라

【신약】 마태복음 五쟝四十八졀 예수ㅣ굴ㅇ샤뎌그러므로하ㄴㄹ에계신너회부의완젼ㅎ심과ㄱ치너회도완젼ㅎ라

【신약】 묵시록 二十一쟝二十七졀 一 무어시던지졍결치아니ㅎ거시나가히무워훌일과거즛말ㅎ눈쟈눈결단코그곳에들어가지못ㅎ누니라
텬국꼿간치라도부졍ㅎ쟈눈능히텬국에들어가지못ㅎ누니라

【신약】 우희신약두쟝을안찰ㅎ건대예수ㅣ평싱에몬져힝ㅎ시고후에말ㅅ으로써사룸을

그르치실시 도모지 션울 권ᄒᆞ시고 악울 징계ᄒᆞ샤 텬쥬의 거룩ᄒᆞ심으로써 거룩ᄒᆞᆷ울 닥게
ᄒᆞ시고 사ᄅᆞᆷ울 착히 달내여 다 셩인의 길노 인도ᄒᆞ야써 텬당복울 엇게 ᄒᆞ셧시니 이거시교
룰 셰우신의 향에 거룩ᄒᆞᆷ이니라

三 교즁법도ᄂᆞᆫ 다 ᄒᆞᆫ갈긋고 근본이 잇고 맛갓고 바르니 실노 거룩ᄒᆞ니라

[신약] 마태복음 七쟝七졀
예수ㅣ 굴ᄋᆞ샤ᄃᆡ 셩물울 개게 주지 말며 너희 진쥬룰 도야지 압회 더지지 말나 여들이 그 물건을 볿고 도리켜 너회룰
(고즁의 거룩ᄒᆞ 도리와 셩물울 가히 악인의게 주지 못홈은 비소홀가 두렴이라)

[신약] 마태복음 五쟝十七졀
그런즉 누구던지 어계명을 (규계라 셩교회의) 준ᄒᆡᆼᄒᆞ며 구르치면 이사ᄅᆞᆷ은 텬국에셔 크다닐ᄏᆞ리라
물어 뜻을 가념려ᄒᆞ라

[젹회] 예수ㅣ 교회의 도리와 규계룰 셩물과 진쥬에 비유ᄒᆞ신고로 셩소 칠졀울 셰워써 션ᄒᆡᆼ

진고소패

▼

二十

머구르치면 이사ᄅᆞᆷ은 텬국에셔 크다닐ᄏᆞ리라
긔룰도 으시고 (또七十九호에보라) 칠덕울셰워써 널곱 가지 소육울 이긔게 ᄒᆞ시고십
계룰셰워써 스언ᄒᆡᆼ위룰 바로 게ᄒᆞ시고 (또신약 모든편에 ᄌᆞ셰히 보라) 칠긔구룰셰워써
칠은울 엇게ᄒᆞ셧시니 (또四十二호에보라) 과 연능히 준ᄒᆡᆼᄒᆞ고 직회ᄂᆞᆫ 쟈ᄂᆞᆫ 셩인울 일우
어 스던ᄎᆞ 야복쇽 누리리니이거시 셩교회 법률의 거룩ᄒᆞᆷ이니라

四셩교회에셔 만 혼셩인이 나니라

[신약] 요한 묵시록셔 七쟝九졀 (왕종도)
나ㅣ 보매 큰 무리가 (쳥텬당의모든 셩인이라) 잇ᄂᆞᆫ ᄃᆡ아
모사ᄅᆞᆷ이나 능히 헬수업스니이 (각국모든족쇽과박셩)
과다방에셔 (만국과각방) 온쟈ㅣ라 보좌압과 고양압회 (각셩의사ᄅᆞᆷ이라)
셔셔 (각반렬셩인들이 련쥬와 예수압회 뫼셕셤이라)

[젹회] 우희 신약 일쟝울 안홈ᄒᆞᆫ건대 진교ㅣ 셰샹에 시작홈으로브터 셰계 ᄆᆞᆺ출ᄯᆡ 셕지 만방
만셰에 무수 혼셩현이 남이니라

[증거] 우희 신약 졔편울 안찰ᄒᆞ야 턴쥬교의 믿ᄂᆞᆫ 도리와 직회ᄂᆞᆫ 규구와 밋 일졀 모든

三十

범빅을사희ᄒᆞ고ᄯᅩ사ᄅᆞᆷ을ᄀᆞ르쳐밋게ᄒᆞ고직희게ᄒᄂ거슬다슬펴보건대도모지다

예수의명ᄒᆞ신바ㅣ니라(ᄯᅩ뎨소패호와셩소칠졀에보라)

(신약) 요한복음 十四쟝 六졀 예수ㅣ골ᄋᆞ샤ᄃᆡ내가곳길히오진리오셩명이니날미암지아니ᄒᆞ면부ᄭᅵ로올사ᄅᆞᆷ이업소리라

(집텬) 예수ㅣ임의길ᄒᆞ되시니반ᄃᆞ시죠ᄎᆞᆯ거시오진리가되시니반ᄃᆞ시오셩명
이되시니반ᄃᆞ시의지ᄒᆞᆯ지니라만일그러치아니ᄒᆞ야도가업신죽나아가지못ᄒᆞᆯ거시오
진리가업신죽거즛될거시오셩명이업신죽죽ᄂᆞᆫ고로뎌쥬교에셔눈밋교좃고의지ᄒᆞ
로셔교회의쥬쟝되시ᄂᆞᆫ예수ᄅᆞᆯ증거ᄒᆞᄂᆞ니라 ᄯᅩ상고ᄒᆞ건대뎐쥬교에셔사ᄅᆞᆷ을인도
ᄒᆞ야긔과쳔션케ᄒᆞᄂᆞᆫ법이도모지ᄒᆞᆫ갈ᄀᆞᆺ고맛ᄀᆞᆺ발나털ᄯᅩᆺ만치도기우러
짐이업소며인죽고엄홈을아오로써가히곳치지못ᄒᆞᆯ악이업고가히용납지못ᄒᆞᆯ사ᄅᆞᆷ
이업소며착히권ᄒᆞᄂᆞᆫ법이다각효험이잇스디그즁신묘ᄒᆞᆫ효험이ᄲᅡ른거ᄂᆞᆫ동회고회

(진고소패) 二十一

(ᄯᅩ八十八호와九十五호에보라)이교ᄅᆞᆯ셰운의향과법을뎡ᄒᆞᆫ뜻을
보건대가히지극히거록ᄒᆞ다닐옴이가치아니랴 ᄯᅩ상고ᄒᆞ건대우ᄒᆞ로뎨왕에니ᄅᆞ고
아래로셔민에니ᄅᆞ히예수승텬후지금ᄭᅡ지남녀로쇼간셩인을일운쟈의수가무수ᄒᆞ고
ᄯᅩ스기ᄅᆞᆯ보건대위쥬치명ᄒᆞᆫ셩인만혜여도이쳔만위예지나ᄂᆞᆫ지라이눈다셩교의거
룩홈을힘넙어셩인을일움이니지극히거록ᄒᆞ다닐옴이엇지가치아니리오교즁에혹ᄒᆞ
실이아름답지아닌쟈ㅣ잇소나이논셩교회도리대로ᄒᆡ치아닌연교ㅣ라악인은졔가스
스루악ᄒᆞᆫ거시오셩교교회의거록홈은ᄒᆞ샹거록홈이니비컨대운무가태양에가리오나회
빗츤ᄒᆞᆫ샹ᄒᆞᆫ갈ᄀᆞᆺ치광명ᄒᆞᆷ굿ᄒᆞ니라예수ㅣ셩교회ᄅᆞᆯ나라와집에비유ᄒᆞ셧시니나라회
불량ᄒᆞᆫ빅셩이잇고집안에탕패ᄒᆞᆫ즛식이잇ᄂᆞᆫ거신셰샹에셔면치못ᄒᆞᆯ바ㅣ니라(ᄯᅩ十
三호와十四호에보라)

三一 (목패) 우희신약의말ᄋᆞᆯ안흠ᄒᆞ야예수련교ᄅᆞᆯ사회ᄒᆞ건대그교의거록홈이업ᄂᆞ니
一은교ᄅᆞᆯ셰운쟈ㅣ거록지아니ᄒᆞ니엇짐이뇨대개입으로ᄂᆞᆫ비록예수여예수여닐ᄀᆞ
ᄅᆞ나(ᄯᅩ七十八호에보라)그러나예수의명ᄒᆞ신바교의도리와교의법률을다ᄇᆞ려빅에

ᄒᆞ나흘직희지아니ᄒᆞ고젼교ᄒᆞᄂᆞᆫ목ᄉᆞ가스ᄉᆞ로준ᄒᆡᆼ치아닐ᄲᅮᆫ아니라ᄯᅩᄒᆞᆫ이러케사ᄅᆞᆷ을ᄀᆞᄅᆞ쳐반ᄃᆞ시ᄒᆡᆼ치아닐거시라ᄒᆞ니(ᄯᅩ뎨ᄉᆞ패호와셩ᄉᆞ칠젹과百二十三호에보라)셩경을어긔고비반ᄒᆞᆷ이ᄀᆞ장심ᄒᆞ며ᄯᅩ예수의명령을마고거ᄉᆞ리ᄂᆞᆫ고로(ᄯᅩ七호에보라)예수ㅣ일뎡코더예수교ᄂᆞᆫ당신이친히뎡ᄒᆞᆫ신교가아닌줄노알으시ᄂᆞ니(ᄯᅩ百二十四호와七十七호에보라)일노조차가히알지라예수ᄂᆞᆫ더닐은바예수교의쥬ㅣ아님이ᄇᆞᆰ으니라ᄯᅩ셔양ᄉᆞ긔를샹고ᄒᆞᆫ건대루테로와헨느리고와갈비노등이이에거즛예수교를세운두목이니이세사ᄅᆞᆷ은다비교ᄒᆞᆫ무리라그비교ᄒᆞᆫ연고를말ᄒᆞᆯ진대헨느리고ᄂᆞᆫ님금으로셔그졍궁을폐ᄒᆞ고안나라ᄒᆞᄂᆞᆫ녀인을취ᄒᆞ고져ᄒᆞ야두세번교화황ᄭᅴ관면을쳥ᄒᆞ나그러나졍부졍쳐ㅣ서로갈니지못ᄒᆞᆷ은텬쥬의친히뎡ᄒᆞᆫ신명이라(ᄯᅩ百十四호와百十五호에보라)교화황이이권이업ᄉᆞᆷ으로능히쳔단이허락지못ᄒᆞ시매헨느리고ㅣ드ᄃᆡ여셩교규구를ᄇᆞ리고젹실왕후를폐ᄒᆞ고쳡을취ᄒᆞᆫ후에스ᄉᆞ로ᄒᆞᆫ교를세웟시니이제영국목ᄉᆞᄂᆞᆫ제나라국왕과국후로그교의쥬총을삼ᄂᆞ니라루테로ᄂᆞᆫ뎨십위레오교종의훈계를슌죵치아니ᄒᆞᆷ으로기절벌을밧은후에교화황을무워ᄒᆞ야졍교를비반ᄒᆞ고샤

교를세웟시나그당초에ᄂᆞᆫ텬쥬교의ᄉᆞ탁이오ᄯᅩ아오스딩회슈ᄉᆞㅣ라죵신토록동졍직희ᄂᆞᆫ허원을발ᄒᆞ엿더니ᄒᆞᆫ번비교ᄒᆞᆫ후에감히녀인을취ᄒᆞ야ᄌᆞ식을기ᄅᆞ며ᄒᆡᆼ위가무쇼불위ᄒᆞ엿고갈비노를말ᄒᆞᆯ진대더두사ᄅᆞᆷ에비겨더옥말ᄒᆞᆯ수업ᄂᆞ니이세사ᄅᆞᆷ의일은셔양ᄉᆞ긔에ᄌᆞ셰히긔록ᄒᆞᆫ바ㅣ라나ㅣ다시낫낫치말ᄒᆞᆯ것업ᄉᆞ니원컨대예수교인들은스ᄉᆞ로두루혀ᄉᆡᆼ각ᄒᆞᆯ지어다이제영미국목ᄉᆞ들은다더두사ᄅᆞᆷ으로그교의션조와쥬총을삼ᄂᆞ니라

二ᄂᆞᆫ이세사ᄅᆞᆷ이교를세운의향이거륵지아님은엇짐이뇨대개루테로등이교화황ᄭᅴ기절벌을밧은후에제분푸리ᄒᆞ기위ᄒᆞ야거즛교를세워감히교화황을ᄃᆡ뎍고져ᄒᆞ엿ᄉᆞ니즉이ᄂᆞᆫ곳텬쥬를ᄃᆡ뎍고져ᄒᆞᆷ이니쳥컨대이아래신약을보라

三二 **신약** 루가복음十쟝十六졀 너희말을듯ᄂᆞᆫ사ᄅᆞᆷ은곳내말을듯ᄂᆞᆫ사ᄅᆞᆷ이오너희를거ᄉᆞ리ᄂᆞᆫ사ᄅᆞᆷ은곳나를거ᄉᆞ리ᄂᆞᆫ사ᄅᆞᆷ이오나를거ᄉᆞ리ᄂᆞᆫ사ᄅᆞᆷ은나를보내신이를거ᄉᆞ리ᄂᆞᆫ사ᄅᆞᆷ이라ᄒᆞ시더라 (나를보내신쟈ᄂᆞᆫ 텬쥬셩부ㅣ시라)

우더 세사룸이 뎡훈바 도리와 규구도 또훈 능히 셩현을 일우지못 눈법이니 대개 루테

로둥이 말훈바룰 보건대 덕을닥금은 오활호고 신국긔 흠은 미련훈 쇼견이라 호야 훈번

굿이 밋기만 호면 극악대 죄인의 무리라도 다가히 텬당에 오르리라 호엿시니 만일이 호쏫

출텬하에 힝호면 나ㅣ두리건대 모든방샤훈 싱각과 망녕된 힝실이 일노 말미암아 니러나

리니 엇지 이하놀에 히업슴 굿훈 큰폐단이 아니리오 그러므로 렬교에눈 진쇼룰 직힘파 통

회고 희호눈 법이업고 다만 건셩으로 예수룰 밋눈다 호며 혹신구약율 말노 만넉으며 미철

일에 호번식 례비호고 경셔멋쟝울 연셜호고 이외에눈 별노 다른공부가 업스니 이교가 쾌

락호고 안일호눈 계교눈 되려니와 엇지 예수의 말솜호신바 디옥의 넙은길 훈힝기쉽고 텬

당쥬은길 훈나아가기 어렵다 호심을 깁히 싱각지 아니호눈뇨 청컨대 이아래 신약율 보라

예수ㅣ골오샤더 멸망호눈데로 인도호눈 문은크고 그길히 넓어 그곳으로 들어가눈 사름이 만코

싱명으로 인도호눈 문은좁고 길히 험호야

눈쟈ㅣ젹으니라

[印] 신약

마래복음 十三졀

인도호눈 문은 좁고 길히

눈쟈ㅣ젹으니라

四 눈렬교ㅣ 시작흠으로브터 이제니

흘 셩인이 업눈교로 셩인을 공경치 아니

오텬쥬교에셔 셩인이라 홈운 갓뷘말과 거즛일홈을 칭탁홈이 아니오 반드시 맛당이 젹

실호야 이즈러짐이 업눈 충증거가 잇서야 훌지니 곳 셩인이 싱젼소후에 나타내신바 셩젹이

라 마치 오쥬예수ㅣ 친히 나타내신바 셩젹으로써 당신이 쳠련쥬ㅣ 되심을 증거호시교 종

도들도 즈긔가 힝훈바 령젹으로써 그젼훈눈바 교가 쳠됨을 뵈이 증거호고 력뎌 셩인들도

쥬의 일홈과 능율의 뢰호야 힝훈바 셩젹으로 쏘훈 그밧드눈바 교가 쳠됨을 증거호니라

三三 혹이 글으듸 텬쥬교ㅣ 처음으로 힝훌때에눈 본듸 어긔고 그릇침이 업더니 수빅년

에 젼호야 니르매 비로소 빗곤길노 가눈 페단이 잇거눌 우리 션조 루테로둥이 별달이 훈지

간을 내매 즈작훈교가 된거시오 달니 새교룰 셰운거시 아니라 교로 우리 예수교눈 누테로

등이 새로 챵셜ᄒᆞᆫ 교가 아니오 실노 예수의 셰우신 바 참교ㅣ니라

디답ᄒᆞ디 던쥬교ㅣ 처음으로브터 수빅년에 니르러 루테로ᄡᅥ 비야ᄒᆞ로 만 혼새 규구를

셰움으로ᄡᅥ 셩젼을 일헛다 ᄒᆞᆷ은 실노 망녕된 말이라 ᄯᅩ 우리 련쥬교ㄴ 네로브터 련디 죵말

셕지쥬의 거룩ᄒᆞᆫ 야만 만코 능히 그릇치지 못ᄒᆞ 누니 이 아래 셩경 말솜을

보라

三四 [신약] 요한복음 四장 十五졀 예수ㅣ 굴ᄋᆞ샤ᄃᆡ 너 희들이 나를 ᄉᆞ랑

ᄒᆞ면 나의 계명을 직회리라

내가 부끼구 ᄒᆞ겟스니 부끼셔 ᄯᅩ 다른 보혜ᄉᆞ를

너 희게 보내샤 영원 토록 ᄒᆞᆫ 가지로 계시게 ᄒᆞ시리니 이

[신약] 요한복음 二十六졀 예수ㅣ 굴ᄋᆞ샤ᄃᆡ 보혜ᄉᆞ 가 곳 셩신이어라

진교ᄉᆞ패

부끼셔 내 일홈으로 보내 시리니 모든 ᄉᆞ졍으로 너 희ᄐᆞᆯㄱ

른쳐

[신약] 마태복음 二十八졀 예수ㅣ 굴ᄋᆞ샤ᄃᆡ 무어시 던지 내 가 너 희

게 분부ᄒᆞᆫ 거슬 다 ᄀᆞ른쳐 직회케 ᄒᆞ랴 ᄯᅥ나는 세샹 ᄭᅳᆺ 날ᄭᅵ

지 너 희 회와 ᄒᆞᆼ샹 ᄒᆞᆫ 가지로 잇스리라 ᄒᆞ시더라

우 희시 약삼쟝을 보건대 예수ㅣ 허락 ᄒᆞ신 바 진리의 셩신 파아 오로 당신이 ᄒᆞᆼ샹 죵도

루 더브러 ᄒᆞᆫ 가지로 계셔 모든 도리를 묵시 ᄒᆞ시ᄂᆞ고 로 죵 도들이 능히 그릇치지 못ᄒᆞ고 ᄯᅩ

죵 도들이 그믁ㅣ ᄒᆞ시ᄂᆞ대로 사룸을 ᄀᆞ른 치ᄂᆞᆫ 고로 죵 도로 조차 느려 오ᄂᆞᆫ 교도 ᄯᅩ ᄒᆞᆼ히

그릇치지 못ᄒᆞᆷ을 알지니 대개 셩신이다 만 그ᄯᆡ 죵 도로 더브러 ᄒᆞᆫ가지로 계실 ᄲᅮᆫ 아니라 ᄯᅩ

호죵 도 들이 죽우 후에 도 죵 도로 조차 느려 오ᄂᆞᆫ 교와 ᄒᆞᆫ가지로 계심이니라 런하에 갓가 지

교를슬펴보건대오직텬쥬교만종도로조차ᄂᆞ려오는교ㅣ니(또데스패호에보라)그런
고로텬쥬교눈능히그릇치지못ᄒᆞᄂᆞ니라만일그러치아니ᄒᆞ면예수의말솜이헛말솜이
니라
셜ᄉ우리텬쥬교에셔진젼을일헛다ᄒᆞ눈쟈눈예수의진교가일쳔여년동안에업서졋다
말솜과일반이니대개예수ㅣ교를셰우신후로루테헨느리고ᄲᅢ석지그ᄉ이일쳔수빅
년동안에우리텬쥬교외에눈다른예수교잇다ᄒᆞᆷ울셰샹에둣지못ᄒᆞᆷ이라셜ᄉ예수의진
교가임의업서졋시면예수의허락ᄒᆞ신말솜이헛되고구셰ᄒᆞ신은혜가폅진ᄒᆞ고뎐당문
이막히고거룩ᄒᆞᆫ도가즁간에신허졋시리니거룩ᄒᆞᆫ도가임의실허졋시면루테로등이도
룰엇엇다ᄒᆞ눈거손어딕로조차엇엇느뇨ᄯᅩ루테로등이넷교를혁파ᄒᆞ고새교를셰울듯
이잇셧실지라도반ᄃᆞ시혁파ᄒᆞ고셰우는권이잇서야ᄒᆞᆯ터인딕이권을누구ᄒᆞᆫ테밧앗느
냐이권은예수ᄒᆞᆫ테셔밧지아니코눈다룬딕가셔엇지못ᄒᆞᆯ지니대개예수의교논예수가
홀노쥬쟝ᄒᆞ심이니라그런즉예수ㅣ이권을즘즘이주셧느냐혹면딕ᄒᆞ야주셧느냐즘즘
이주심파면티ᄒᆞ야주심을의론치말고불가불쥬신빙거가잇서야바야ᄒᆞ로가히밋븜이

잇심터인딕뎌두어사름이당초에셰샹에령젹을힝ᄒᆞᆫ거시업고사름의게큰덕힝을나타
낸거시업시공연이헛말노만밋으라ᄒᆞ니엇지예수의주신권이춤즁거가잇느냐

◉뎨 삼 편 은 예 수 의 진 교 ㅣ 지 극 히 공 번 됨 을 의 론 홈 이 라

三五 지극히공번되다ᄒᆞᆷ은무어시뇨지극히공번되다ᄒᆞᆷ은ᄉᆞ스로옴이업다닐옴이니
대개예수눈인류의공번된구쇽쥬ㅣ되샤ᄒᆞᆫ교를셰우시매반ᄃᆞ시사름ᄉᆞ름으로ᄒᆞ여곰
공번되이그은틱울닙게ᄒᆞ시니이눈ᄒᆞᄯᅢ와ᄒᆞᆫ디방과ᄒᆞᆫ사름이밧들교가아닌지라고로
세가지로공번됨이엇스니 一은ᄯᅢ롤의론ᄒᆞ매예수진교ㅣ맛당이고금에공번되이젼
ᄒᆞ고 二눈디방을의론ᄒᆞ매맛당이만방에공번되이젼ᄒᆞ고 三은사름의수롤의론ᄒᆞ
매예수진교를봉힝ᄒᆞᆫ사름이다룬교의인명수보다월수히만홈이니이세가지눈예수진

교의공변된뜻이니라

三六 一 신약을잇그러예수의진교ㅣ공번되이고금에젼ᄒ음을증거흠이라

【신약】루가복음一쟝三十三졀 셰셰로야곱의집에왕이되샤（왕은예수ㅣ오 집은셩교회니오）그나라히맛춤이업느니라

【신약】마태복음十六쟝十八졀 예수ㅣ굴ㅇ샤디내가이반셕우희나의교회를셰우리니음부의권셰가이긔지못ᄒ리라

【진회】우희신약두쟝을안험ᄒ건대예수ㅣ영영히그교회의ᄒ집쥬쟝과ᄒ나라님금이되시니옥이능히이긔지못흠을알지라만약셩교회가즁간에폐ᄒ고일시에굿치면예수ㅣ겨유잠시간ᄒ가쟝이되시고그나라도ᄯ흔잠시간망ᄒ엿다닐ㅇ리니그런죽셩경말숨이헛되딘도라갈거시오ᄯ풍파의어ᄌ러옴과좌도의흔들님을인ᄒ야예수의교회가흔때에폐ᄒ엿시면디옥이ᄯ흔이긔엿다ᄒ리니그런죽예수의말솜이ᄯ흔헛된딘도라가리라그러나셩경말솜은능히헛되지아닌고로예수의셩교회가반드시셰셰에보존ᄒ되종도로시작ᄒ야던디죵말셕지니르느니라

二 신약을잇그러예수의진교ㅣ맛당이만방에공번되이젼ᄒ음을증거흠이라

【신약】마태복음二十八쟝十八졀 하늘과따회모든권을다내게주셧시니그러므로너희는가모든빅셩으로셰례를삼아（쥬ㅣ쳥부쥬심이라）부와ᄌ와셩신의일홈으로셰례를베플고（삼은일례의일홈을불너셰례를붓치라ᄒ심이라）

【신약】마태복음二十六쟝十三졀 二十 새가실노닐ㅇ누니온던하에어느곳에던지이복음을젼홀때에

【진교】우희신약두쟝을안찰ᄒ건대예수의명ᄒ신교는반드시보던하만국의공번된교ㅣ되눈고로문도를특별이명ᄒ샤만국에가만민을불너셰를붓치고입교ᄒ게ᄒ니라혹이글ㅇ디예수의말솜ᄒ신바는오직쟝리에셩교가런하에대힝ᄒ줄을구르치심이니

그러므로 싱각건대 우리 예수교도ㅣ 이제 수뵉년에 쏘 흔 던하에 대략 힝ᄒᆞ엿신즉 우리 교도ㅣ
공번되다 홀거시니 ᄉᆞ도들이 처음 젼교 홀쌔 둘ᄀᆞ르치심이 아니니라
딕답ᄒᆞ딕 이제를 녜에 비길거시 아니라 당초에 셩교 광양ᄒᆞ기가 ᄌᆞ금 ᄀᆞᆺ치 어렵지 아니혼
고로 베드루ㅣ ᄒᆞ로는 도리를 강론ᄒᆞ니 당일에 삼쳔여명이 령셰 입교ᄒᆞ고 쏘 종도들이 흔
번 셩신을 령ᄒᆞ매 수십년간에 셩교ㅣ 발연히 대흥ᄒᆞ야 패연히 던하에 힝ᄒᆞ니 이눈 인력으
로 혼바ㅣ 아니오 오직 던쥬의 젼능으로 일운바ㅣ니 쳥컨대 이아래 신약을 보라

[신약] (로마 十쟝 十八쳘) 내가 말ᄒᆞ노니 뎌들이 듯지 못ᄒᆞ엿ᄂᆞ뇨 과연 드럿ᄂᆞ니 그 소리가 온 ᄯᅡ회 젼파ᄒᆞ고 그 말이 ᄯᅡ극변ᄭᅳ지 니르럿ᄂᆞ니라 (로마 一쟝 八쳘) 너희 밋음이 온 셰샹에 젼ᄒᆞ야 들님이로다

[적험] 우희 신약 두쟝을 안험ᄒᆞ건대 당초에 셩교ㅣ 만일 던하에 널니 젼ᄒᆞ지 아니ᄒᆞ엿셔면 비오로 종도가 엇지 감히 말ᄒᆞ딕 셩교 강론ᄒᆞᄂᆞᆫ 소리 셰샹에 ᄀᆞ득ᄒᆞ다 말ᄒᆞ엿시리오

三 예수의 공번된 교를 밧드는 사름의 수가 다른 교인의 수보다 월수히 만흠을 신약의 말노써 증거흠이라

[신약] (마태복음 十三쟝 三十一쳘) 예수ㅣ 또 비유를 베푸러 굴ㅇ샤딕 턴국은 마치 사름이 겨조씨 흔낫흘 가져다가 그 밧회 심음과 굿ᄒᆞ니 (겨조눈 셩교회를 ᄀᆞ르침이라) 이는 모든 씨 즁에 뎨일 젹은 거시로되 (사름은 계수ㅣ오 밧촌 셰샹이오) 자란 후에는 나물보다 커셔 나무가 되매 공즁에 나ᄂᆞᆫ 시들이 와 그 가지에 깃드리ᄂᆞ니라

비교ᄒᆞ면만만코밋지못ᄒᆞᄂᆞ니이ᄂᆞᆫ다ᄅᆞᆫ연고ㅣ아니라예수의거륵ᄒᆞ신말ᄉᆞᆷ이능히헛

되지못ᄒᆞᆷ일시니라

三七 [증거] 우희신약모든편을안험ᄒᆞ야뎐쥬교롤샹고ᄒᆞ건대지극ᄒᆞ다그교의공번됨

이여하ᄂᆞᆯ과굿치공번되니대개하ᄂᆞᆯ은ᄉᆞᄉᆞ로이덥홈이업ᄂᆞᆫ고로공번된하ᄂᆞᆯ이라ᄒᆞ고

셩교도ᄯᅩ한그러ᄒᆞ야샹고에밀외매뎐디로더브러ᄒᆞᆷᄱᅴ시작ᄒᆞ고후셰에밀외매만물노

더브러ᄒᆞᆷᄱᅴ못ᄎᆞ며 셩교 셔교 총교 ㅣᄯᅢᄅᆞᆯ의론ᄒᆞ면비록다르나그쥬ᄂᆞᆫ오직ᄒᆞ나히

시며므릇바다와륙디롤의론치말고사ᄅᆞᆷ이통ᄒᆡᆼᄒᆞᄂᆞᆫ딕다뎐쥬의진교ㅣ잇서그명셩이

뎐디간에ᄀᆞ득ᄒᆞ야팔방에ᄌᆞᄌᆞᄒᆞ며그광대ᄒᆞᆷ이이굿ᄒᆞ되ᄂᆞᆫ호이지아니ᄒᆞ고어ᄌᆞ럽지

아니ᄒᆞ야혼가지로혼도리롤밋으며혼가지로다혼목쟈의게속ᄒᆞ니가히지극히공번되

고지극히ᄒᆞ나히라칭ᄒᆞᆯ거시오봉ᄒᆡᆼᄒᆞᄂᆞᆫ쟈롤의론건대대왕과공경대신으로브터ᄉᆞ롱

공샹에니르히번셩ᄒᆞ야보셰총일ᄒᆞ나라

三八 [역편] 우희신약졔편을안찰ᄒᆞ야예수렬교롤사힉ᄒᆞ건대그교에세가지로공번됨

이다업ᄂᆞ니라　一은대개이교ᄂᆞᆫ루데로등삼인으로시작ᄒᆞ야이졔니르히삼뵉여년이

니예수강셩으로브터뎌셰사ᄅᆞᆷ에니르히임의일쳔오뵉년인즉그동안에ᄂᆞᆫ예수렬교ㅣ

어듸잇섯ᄂᆞ뇨임의교일홈도업섯시니엇지능히고금에공번되이젼ᄒᆞ엿시리오　二ᄂᆞᆫ

죽금수뵉년을의론ᄒᆞᆯ지라도갓가지예수렬교가ᄯᅩ혼만방에공번되이젼ᄒᆞ지못ᄒᆞ엿ᄂᆞ

니대개허다혼디방에뎐쥬교ᄂᆞᆫ임의젼ᄒᆞ지오래되려ᄅᆞᆯ교ㅣ　三은교인명수의만흠을의론ᄒᆞ지못ᄒᆞ도갓

르ᄂᆞᆫ곳마다뎐쥬교ㅣ임의힝ᄒᆞ지가오래고

모든예수렬교롤합ᄒᆞ야비겨도오히려셩교인명수에비기면셩교인명수롤만만코ᄯᅥ로지못ᄒᆞ고ᄯᅩ

가지예수렬교롤ᄂᆞᆫ화셔뎐쥬교인명수ㅣ잇다ᄒᆞᆷ을의ᄂᆞᆯ듯지못ᄒᆞ고렬교니

혼사ᄅᆞᆷ을권ᄒᆞ야션율ᄒᆞ라ᄒᆞ고규구ᄂᆞᆫ극히직회기쉬오며ᄯᅩ돈을거두어곤궁ᄒᆞ고위급

혼사ᄅᆞᆷ을구졔ᄒᆞᆷ의약을셜시ᄒᆞ야병쟈롤치료ᄒᆞ며젼곡을허비ᄒᆞ야주린사ᄅᆞᆷ을구ᄒᆞ

고이러케만흔방약으로써젼도ᄒᆞ되오히려널니젼ᄒᆞ지못ᄒᆞ니일노보면뎐쥬셩의가아

니계심이니라

⊙ 뎨ㅅ편은예수의진교ㅣ즁도로조차뎐ᄒ야ㄴ려옴을
의론홈이라

三九 죵도로조차뎐ᄒ야ㄴ려오다ᄒ옴은무어시뇨 죵도로조차뎐ᄒ야ㄴ려오다ᄒ옴은 마치 쇽담에 믈을 마시매 그 근원을 밀우어 싱각ᄒ다ᄅ 말ᄉᆞᆺ과 굿ᄒ거시니 대개 ㅣ은 교회의 뎐권과 二는 교즁 도리가 다 죵도로 말미암아 서로 뎐ᄒ야 이제 니ᄅ히 도모지 변기ᄒ옴이 업슴이니라 그 연고ᄅ 말ᄒᆞᆯ진대 대개 예수ㅣ 교회ᄅ 셧시니 불가불 죵도로 말미암아 뎐ᄒᄂ는 교ㄴ 곳 예수의 진교ㅣ오 죵도로 말미암지 아니ᄒ고 다른 길노 말미암아 오ᄂ 교ㄴ 무슴 교던지 임의 그 근원과 머리가 신허졋시니 결단코 죵도로조차 오ᄂ 교ㅣ 아님이 분명ᄒ니라

四十 【죵건】 뎨일편에 신약 모든 편을 안험ᄒ야(또二十六호에보라) 뎐쥬교론을 상고ᄒ건대 대교회의 일통 뎐권이 도모지 업ᄉᆞᆷ을 임의 부ㄹ이 변빅ᄒ영거니와 실노 교회의 머리시오 죵도들의 어문이 신죡 텬쥬교회의 권이 죵도로조차 ㄴ려옴이 호발 도의 심기 업ᄂᆞ니라

진고ᄉᆞ패 二十九

四一 【뎌판】 뎨일편에 신약졔편으로 판단ᄒ건대 술안찰ᄒ건대(또二十七호에보라) 렬교에ㄴ 일통의 권이 업고 교 죵도로조차 오ᄂ 패호가 도모지 업ᄉᆞᆷ을 임의 변빅ᄒ영거니와(또三十一호에보라) 그 교의 도리와 법률을 의론컨대 루테로쎄에 던쥬교에셔 밋ᄂ눈 도리와 적희ㄴ 규구ㄴ 오ᄂᆞᆯ날 노더브러 다름이 업거ㄴ 렬교에셔ㄴ 도로혀 말ᄒ기ᄅ 진젼을 일코 만흔 새 규구ᄅ 내엿다ᄒ야 밋지 아니ᄒ고 직희지도 아니ᄒ니 이제 신약과 구약을 잇고 그러 낫낫쳐 중거ᄒ면 바야ᄒ로 예수 렬교에셔 도로혀 성경의 계명과 죵도의 젼ᄒ 도리ᄅ 직희지 아님이 더욱 나타나리니 이 아래 ᄌ셰히 보라

⊙ 념경홈을 의론홈이라

텬쥬교에셔ᄂᆞᆫ 사ᄅᆷ을 명ᄒ야 념경ᄒ야라ᄒ야 념경ᄒ거시니 아니라
텬렬교에셔ᄂᆞᆫ 도로혀 말ᄒ야 기ᄅ 굿ᄒ야 념경ᄒ거ᄂ니라

四二

一 예수ㅣ 친히 긔도문을 지으샤 사룸의게 긔도ᄒᆞ기를 명ᄒᆞ시니라

(마태복음 六쟝 九졀) 예수ㅣ ᄀᆞᆯᄋᆞ샤ᄃᆡ 그런고로 이ᄀᆞᆺ치 긔도ᄒᆞ라 (훈련 쥬경안희 칠긔구를 포함ᄒᆞ야 거술 넴ᄒᆞ라ᄒᆞ심이라) 하늘에계신 우리 아바지여 일홈을 거룩게 ᄒᆞ옵쇼셔 (운 운)

四三

二 예수ㅣ 친히 자조 긔도ᄒᆞ시니라

(루가복음 六쟝 十二졀) 이때에 예수ㅣ 산으로 가샤 긔도ᄒᆞ실시 밤이 맛도록 긔도ᄒᆞ시고 (고요ᄒᆞᆫ 곳에 셕념경ᄒᆞ기를 편케코 / 이 밤새도록 념경ᄒᆞ샤 날이 밝기에 니롬이라) 붉으매 그 뎨조를 부르샤 그 즁에셔 열두 사룸을 간퇵ᄒᆞ야 ᄉᆞ도라 닐크르시니 (상뎨끠 려 예수ㅣ 실시 몬쳐 쥬끠 넴경도를 빠샤 젼과고구ᄒᆞ)

四四

三 예수ㅣ 사룸을 명ᄒᆞ샤 맛당이 ᄒᆞ상 긔도ᄒᆞ고 게어르지 말나 ᄒᆞ시니라 (훈심은 우리로 ᄒᆞ여곰 무숨대스를 경영ᄒᆞ매 반두시 모쳐 쥬끠 지시ᄒᆞ심을 구ᄒᆞ라 ᄒᆞ심이니라)

진고스매 (三十)

(루가복음 十八쟝 一졀) 예수ㅣ 말솜ᄒᆞ시ᄃᆡ 사룸들노 ᄒᆞ여곰 ᄒᆞ상 긔도ᄒᆞ고 게어르지 말나 ᄒᆞ야 (샹게어르지 말나 ᄒᆞ심은 념경ᄒᆞ라 ᄒᆞ심이라 이고 민들 / 졀ㄴ 하믈) 신쟈들이 쥬야로 긔도ᄒᆞ는 며 샹뎨끠셔 그 간퇵ᄒᆞ신 (엇낫에눈 조과를 넴ᄒᆞ고 밤 눈 마과를 념홈이라) 디 비록 오래 춤으시나 죵리 갑하 주지 아니ᄒᆞ시겟ㄴ냐 (그러나 비록 구ᄒᆞ눈 바를 즉시 허락지 아니시나 필경 허락ᄒᆞ시ᄂᆞ니라)

四五

四 넴경ᄒᆞ때에 맛당이 안과 밧그로 겸손ᄒᆞ고 공슌ᄒᆞ지니라

(루가복음 十八쟝 十졀) 두 사룸이 셩뎐에 올나가 긔도ᄒᆞ실시 ᄒᆞ나혼 바리시교인이오 ᄒᆞ나혼 셰리라 바리시교인이 셔셔 스스로 긔도ᄒᆞ야 ᄀᆞᆯᄋᆞ딕 샹뎨여 내가 감샤ᄒᆞ옵기눈 나눈 다룬 사룸과 ᄀᆞᆺ치 토셕ᄒᆞ고 불의ᄒᆞ고 음난치 아니ᄒᆞ고 또 ᄒᆞ이

셰리와 ㄱ지도 아니ㅎ믈이니이다

셰러는 멀니셔셔 감히 눈을 들어 하늘을 우러러

보지못ㅎ고 다만 가슴을 쳐 글ㅇ디 샹뎨여 이죄인을 궁측

히넉이쇼셔ㅎ나는 죄인이로소이다 ㅎ니 내가 녀 회ㄷ려 닐

ㅇ니 이사룸은 뎌 보다 의롭다

ㅎ심을 엇어 집에 도라갓ㄴ니라

四六 五 샤마의 유감을 면ㅎ고 져ㅎ눈쟈의게 예수ㅣ 특별이 명ㅎ샤 셔여 념경ㅎ라ㅎ
시니라

예수ㅣ 문도ㄷ려 닐ㅇ시디

긔도ㅎ라ㅎ시고

고니러나 뎨즈들의게가 보시니 근심즁에

자거눌 닐ㅇ샤디 엇지ㅎ야 자ㄴ냐 너러나 시험에 들지 아

니기를 긔도ㅎ라ㅎ시더라

우희 신약 일쟝을 안찰ㅎ건대 념경 긔구흠이 실노 봉교인의 큰 본분이니 대개 삼구의

유감이 쥬야에 쉬지 아니ㅎ야 안팟 그로침이라 이러ㅎ딕 만약 념경ㅎ기에 게어르면 반드

시 구령ㅎ기 어려오니라

◉ 꿀고 졀홈을 의론홈이라

이단ᄒᆞ다 ᄒᆞᄂᆞ니라

렬교에셕ᄂᆞ도로허말ᄒᆞ기ᄅᆞᆯ모양이ᄃᆡ
텬쥬교에셕ᄂᆞᄯᆞᆯ고졀ᄒᆞ기ᄅᆞᆯ명ᄒᆞ

四七
[신약] 마태복음 六쟝 三十九졀
너희눈 여긔 머물너 나와 홈ᄭᅴ 지여
예수ㅣ셰종도ᄃᆞᆯ려 말솜이라면
잇스라ᄒᆞ시고
조곰 나아가샤 낫출 ᄯᅡ회 (운 / 운업ᄃᆡ다홈 무릅홀)
붓치시고 업ᄃᆡ여긔도ᄒᆞ야ᄅᆞᆯ샤ᄃᆡ내부여 (운 / 꿀고절ᄒᆞ야ᄯᅡ회업ᄃᆡ심이라)
[신약] 누가복음 二쟝 四十一졀
돌 던질 만치 가ᄭᅳ러 빌어ᄅᆞᆯ샤ᄃᆡ부여

[신약] 우희신약두쟝을안찰ᄒᆞ건대예수ㅣ쳔히표양을셰우샤텬쥬셩부ᄭᅴᄭᅮ러괴구ᄒᆞ시
니라

진고ᄉᆞ쾌   三十二

[신약] 요한복음 三쟝 十八졀 九
ᄭᅮᆯ ᄋᆞ ᄃᆡ 쥬여 내가 밋ᄂᆞ이다 ᄒᆞ고 졀ᄒᆞᄂ지
라 (운 운)
셩경에 임의 사ᄅᆞᆷ이 무릅홀ᄭᅮᆯ수 ᄂᆞᆫ 례로써 예수ᄭᅴ 죠비ᄒᆞ엿신즉 우리교에셔ᄭᅮ러절홈
으로 쥬ᄅᆞᆯ 공경홈이 무슴험의 훌거시 잇스리오

四八
[신약] 빌닙보셔 二쟝 十졀
므릇 하ᄂᆞᆯ에 잇눈쟈와 ᄯᅡ회 잇눈쟈와 다예수의일 (텬샹에신쳥과 / 류와련옥에 령혼들이라 / 다에인)
다하에 잇눈쟈로 ᄒᆞ여곰
홈을 둣고 무릅홀 ᄭᅮᆯ게 ᄒᆞ시고 모든 입으로 ᄒᆞ여곰 예수
그리스도가 쥬된다고 ᄒᆞ야
우희신약일쟝을안험ᄒᆞ건대예수셩명을부르매텬샹디하에ᄭᅮ러절ᄒᆞ지아니ᄒᆞᄂᆞᆫ
이가업거ᄂᆞᆯ렬교인은민양례비일을맛나면도로혀안고ᄭᅮᆯ지아니ᄒᆞ니엇지례좌당이라
닐ᄋᆞ지아니ᄒᆞᄂᆞ뇨

◉ 교 즁에셔 마리아와 밋 모든 션셩 공경ᄒ눈 뜻올 의론홈

이라 렬교에셕눈도로밋그러진다혀말ᄒ누기를

四九 혹이말ᄒ티던쥬교에셔마리아와모든신셩을경례ᄒ눈거시크게그릇침이라대개마리아눈사룸이오예수눈뎐쥬공경홈은가ᄒ고사룸공경홈은불가홈이근리ᄒ듯ᄒ니라(량교합변쳑에잇눈말)

티답ᄒ티모름죽이알지라뎐쥬교에셔뎐쥬롤공경ᄒ교셩인도공경ᄒ매그공경ᄒ눈밧겻례가서로굿ᄒ듯ᄒ나그러나공경ᄒ눈실샹뜻은분명이달나샹즁하삼픔이잇서가히혼잡지못ᄒ지니 샹픔은홈슝지례니이눈뎐쥬ㅣ지존무티ᄒ샤뎐디신인만물의대쥬지되심을공경ᄒ눈례니뎐쥬외에눈일뎡코아모신셩인의게도드리지못ᄒ눈례오 즁픔은샹경지례니이눈마리아ㅣ진실노뎐쥬의셩모되샤그위가흐뎐쥬아래오억만신셩우희게심을공경ᄒ눈례니이례눈다만셩모마리아씌만드리눈례오 하픔은공경지례

진교ᄉ패

三十三

니이눈하눌에모든신셩이뎐쥬의충신되심을공경ᄒ눈례니라이러므로만일홈슝지례로써엇던셩인을공경ᄒ면진실노그릇침이오또데일계명의엄금ᄒ눈바ㅣ니라그런즉셩교즁에셔쥬픔과하픔의례로써모든셩인을공경홈이실노뎐쥬셩의에합ᄒ거눌무숨불가홈이잇스리오비컨대님금을공경ᄒ눈쟈ㅣ또ᄒ반드시그래후와그신하롤공경ᄒ눈니만일님금만공경ᄒ고그래후와그대신을공경치아니면실노님금도공경치아님이니라이제신약과구약을잇그러낫낫치즁거ᄒ노라

五十 [신약] 루가복음二쟝五十一졀 예수ㅣ나자렛에나르샤순죵ᄒ야복스ᄒ시니 ᄒ예수ㅣ셩모와쳥요셥꺼효 고공경ᄒ고슌명ᄒ심이라도 오직그모친은 시라 셩모마리아

[진고] 우희신약일쟝을안험ᄒ건대예수ㅣ셰상에게실쌔에또ᄒ당신셩모롤공경ᄒ셧거 운 운

五一 [신영] 요한복음二쟝十九졀 예수가그모친과ᄉ랑ᄒ눈데ᄌ가

엽회션거슬보시고그모친꺼말슴ᄒ시ᄃ녀인이여보쇼

셔더가아돌이니이다ᄒ시고
조모의ᄆᆞ음으로요왕을ᄉ랑ᄒ쇼셔ᄒ심이라

드려닐ᄋ샤ᄃ보라너의모친이라ᄒ신ᄃ
효조의ᄆᆞ음으로신모친을공경ᄒ라당ᄒ심이라

그때브터그뎨ᄌ가ᄌ긔집에뫼셔밧드니라

예수ᅵ십ᄌ가에ᄃ녀쟝ᄎ못ᄎ실ᄯᅢ에당신모친을요왕의게부탁ᄒ심은우리들이효조의ᄆᆞ음으로셩모밧들기룰군졀이원ᄒ심이비록요왕ᄒᆞᆫ사ᄅᆞᆷ을디ᄒ야말슴ᄒ셧

시나실은우리모든교우를향ᄒ야말슴ᄒ심이니라

三十四

진교ᄉ패

五二

루가복음一쟝四十八졀

그ᄭᅥ셔녀죵의ᄂ낫고쳔홈을
라보시니대개이제후로는
만셰가나룰복이잇다
닐ᄏ리로다
칭찬ᄒ심이라

능신쟈가의게대ᄉ룰일우셧시니
겸손ᄒ심이라도

五三

마라아ᅵ잉티ᄒ실시초에원죄업ᄉ심을의론홈

교중인이셩모공경ᄒᄂᆞᆫ셩신이ᄉ업ᄂᆞᆫ바ᅵ라ᄒ심이라

여호와

창셰긔三쟝十四졀

여호와샹예가비암ᄃ려닐너굴ᄋ샤
별명 련쥬의 원조범죄메홈유감ᄒ야라

류츔과빅슈에비
디네가이거슬ᄒ엿시니
겨반ᄃ시더옥믜운거시될거
시오평싱에흙을먹을거시오너ᅵ
될거시오너ᅵ비로긔여ᄃ닐거
원슈스러움을너와밋

부인가온대둘거시오

손의게밋쳐

더ㅣ 쟝ᄎᆞ네머리를ᄇᆞ뱌ᄇᆞ리라

이에 조

五四

이실지라

그곳에잇ᄉᆞ리니사ᄅᆞᆷ이나를봉ᄉᆞ

ᄒᆞ랴면나를ᄯᆞ르라내가잇ᄂᆞᆫ곳에나를봉ᄉᆞᄒᆞᄂᆞᆫ사ᄅᆞᆷ도

가나의보좌에ᄒᆞᆫ가지로안게ᄒᆞ야주기를내가이김을엇

예수ㅣ글ᄋᆞ샤ᄃᆡ이긔ᄂᆞᆫ쟈ᄂᆞᆫ

요한묵시록 쟝二十一졀

예수ㅣ글ᄋᆞ샤ᄃᆡ사ᄅᆞᆷ이나를봉ᄉᆞ

고부의보좌에동좌ᄒᆞᆫ것과ᄀᆞᆺ치ᄒᆞ리라

진교ᄉᆞ패

三十五

一

우희신약두쟝을안찰ᄒᆞ건대뎌죠에모든셩인을뎐쥬ㅣ다귀즁히녁이시고쳔의ᄒᆞ

사며예수ㅣᄯᅩᄒᆞᆫ영화로온좌위에ᄒᆞᆫ가지로안기를허락ᄒᆞ시니셰샹사ᄅᆞᆷ이공경ᄒᆞᄂᆞᆫ거

시무숨불가흠이잇ᄉᆞ리오일국죠뎡에도어진사ᄅᆞᆷ을존ᄃᆡᄒᆞᄂᆞᆫ레가잇서빅셩으로ᄒᆞ여

곰존경케ᄒᆞᄂᆞ니이거시엇지불가ᄒᆞᆫ일이되리오

五五

요슈에긔五 쟝十三졀

요슈에가

에리코 에갓가

오니칼을ᄲᅡ여

들고딕ᄒᆞ야셧ᄂᆞᆫ지라요슈에나아가ᄀᆞᆯᄋᆞᄃᆡ네가우리편

이냐혹뎍국편이냐ᄀᆞᆯᄋᆞᄃᆡ아니라나

눈여호와의 군쟝인고로 즉금오노라요슈에

부복ᄒᆞ야ᄀᆞᆯᄋᆞᄃᆡ

[구약] 창셰긔 十九쟝 一졀

져녁때에 두텬ᄉ가 소도마에 니르니 때 에롯시 셩문에 안즈다가 보고 니러나 마져가 부복ᄒ고 갈ㅇ디 야ᄀ으디

[젹요] 우희 구약 두 쟝을 안찰ᄒ 건대 녜젹 사름들이 텬신을 보고 무릅흘 ᄭᅮᆯ어 업디여 졀ᄒ고 공경ᄒ엿시니 우리 교즁에셔 모든 셩인을 공경ᄒᆷ이 이와 굿ᄒ니라

◉ 모든 셩인이 텬쥬끠 젼달ᄒ심을 구ᄒ매 그 공덕으로 져앙이 변ᄒ야 복이 됨을 의론홈이라

五六 **[신약]** 요한복음 二쟝 三졀

포도쥬가 펍진ᄒ매 예수의 모친이 그더려 닐ㅇ디 포도쥬가 업다 ᄒ니 예수ㅣ 골ㅇ샤디 녀인이여 나와 무ᄉ 샹관이 잇ᄂ뇨 내 때가 아직 니르지 못ᄒ엿ᄂ이다

그 모친이 모든 하인ᄃ려 닐ㅇ디 너ㅣ회게 닐ㅇ시ᄂ대로 곳 ᄒ라 ᄒ더라

예수ㅣ 더들더려 닐ㅇ샤디 항에 믈을 부어 ᄎ게 ᄒ니 믈이 포도쥬가 되엿시나

三十六

[젹요] 셩모ㅣ 셰샹에 계실때에도 오히려 젼달ᄒ시는 능이 잇고 예수도 셩모의 쳥ᄒ시는 바를 조ᄎ니 이는 모ᄌ의 졍리가 후ᄒ심을 인ᄒᆷ이니 즉 금 텬당에 계셔 이와 굿치 ᄒ시ᄂ니라

五七　[신약]

루가복음 十六쟝 二十三졀
부쟈도 또흔 죽어 쟝스흐매 음부에
잇서 통고 홀 때에 눈을 들어 멀니 아브라함과 고 품에 잇는
나사로를 보고 불너 굴ㅇ디 부아ㅂ라함이여
(부아ㅂ라함은 셩조ㅣ며 아바람이유며)
나를 궁휼이 녁이쇼셔
(부쟈눈 그 후손이 됨이니라　아국빅셩외 조샹이 되시고)
ㅇ디 그러흐면 구흐누니 부여 나사로를
(매 훈가지를 구흐야 엇지 못흐 다시 다른 거슬 구흐ㅁ이라　二十졀 굴)
내쇼셔
니흐니이다 부아브라함이여
[죄인] 텬쥬ㅣ 만일 셩인의 젼구흐ㅁ을 허락지 아니시면
쟈의 구흐ㅁ을 드르시리오 오직 구흐ㅁ을 준허치눈 아니
셔 서로 구원흐눈 법이 업스니 아오로 셩인의 젼달흐ㅁ

진교소매

[구약] 창셰긔 四十八쟝 十六졀 야곱이 굴ㅇ디
복을 빌지 아니흐면 너를 노하 보내지 아니흐리라
으니 쳥컨대 나를 노하 보내라 야곱이 굴ㅇ디 나롤 위흐야
복을 주실지어다
내 신텬스가
(난호슈에 텬신이 여러번 나를 환난에서 구흐야 내엿다 말)
[직흠] 우희 구약 두쟝을 안찰흐건대 고성 야곱이 텬신씌 강복흐기를 군구흐야 써 그 조손의
게셕지 밋치게 흐시니라

五八　[구약]

창셰긔 二十六쟝 五졀 아브라함이 내 말에 순명흐고 내 계명
과 분부를 직희고 내 례의와 률법을 준힝흐고로
일노 인흐야 복을 주노
라
(후텬쥬ㅣ 뎐셩인의게 외 공역을 셰웟다 흐심이라 그
실에에 이러흐니 말솜이니 맛치 닐ㅇ시딘에 아비살와)

구약
익소듸 三十二쟝 十三졀

네 진노흥심을 긋치사고 네 박셩의 죄악을 구버 용셔흥쇼셔 이세쥬의 졍노 긋치시기를 구흥눈 말이니 대개 고 빅셩이 상희 득죄흥을 인흥야 뎐쥬ㅣ 벌코뎌 네 죵 아브라함과 이사악과 이스라엘을 긔억흥쇼셔 여호와ㅣ 드르시고 그 젼에 흥신 말솜을 뉘웃치니라

[지회] 우희 구약 두쟝을 안찰흥건대 슈ㅣ 셩인의 착흔 힝실과 아름다온 덕을 위흥야 셰샹 사룸의 게복을 느리우시며 혹 환난을 면흥야 주시니 이제 뎐슈교에셔 모든 셩인을 공경흥 도 그 공훈을 힘닙고 그 젼달흥심을 구흥기 위흥이어ᄂᆞᆯ 렬교인은 슈야에 신구약을 보면셔 셩교가 이단으로 흘너간다 훼방흥을 ᄌᆞ못셔 듯지 못흥노라

◎ **셩샹을 공경흥야 뫼심을 의론흠이라**
진교스패

三十八

을 숭샹흥눈 폐단에 빠진다 흥눈 니라 (량고합변칙에 잇눈 말)

五九
구약
익소듸 二十五쟝 十八졀

제루빈 둘흘 지어 일품련신외 일홈이니 뎐쥬ㅣ 모이세룰 명흥샤 그 샹을 결약궤의 시은 소 량편에 두디 미편에 각흥나식 시 은 소우회 두라 금으로 뎐신의 두 형샹을 지어 여호와ㅣ 모이세의게 닐너 ᄀᆞᆯ 오샤디
민슈략 二十一쟝 八졀
구리비암흥나흘 만ᄃᆞ라 쟝ᄃᆡ에 둘아 샹흥을 닙은쟈ㅣ 이룰 보면 삷을 엇으리라 모이세ㅣ 구리비암을 만ᄃᆞ라 쟝ᄃᆡ에 둘앗더니 상흥을 닙은쟈ㅣ 구리비암을 보고 삷을 엇으니라

【젹변】 우희구약두쟝을안찰ᄒᆞᆫ건대뎐쥬ㅣ셩샹울금치아니실ᄲᅮᆫ아니라ᄯᅩ흔모이세롤명
ᄒᆞ샤ᄆᆞᆫ들게ᄒᆞ셧시니대개금으로지은련신형샹과구리로지은빅암의모샹이비록무령
흔물건이로딕뎐신형샹으로눈춤련신울표ᄒᆞ고구리빅암은예수ㅣ십ᄌᆞ가에ᄃᆞᆯ니신모
샹을표ᄒᆞ눈고로(ᄯᅩ六十一호엣보라)우리교즁에셔무숨지료ᄃᆞᆯ의론치말고뎐쥬와모
든신셩의샹을지어사룸이ᄒᆞ샹보고ᄆᆞᅀᆞᆷ에긔억ᄒᆞ야닛지아님으로써홈이니라

六十 【구약】(요수에긔 七쟝 六졀) 요수에가옷슬ᄯᅳᆺ고뎌와밋이(형샹이라 아동ᄒᆞ눈)
스라엘모든로인들이여호와의궤(궤결약의라)압회부복ᄒᆞ야
뎌믈때ᄭ지머리에져롤언지니라(아동ᄒᆞ고이고ᄒᆞ눈형샹이라)
(따희업딕여ᄉᆞᆯ고걸홈이라) 오사ㅣ(일홈 사룸의) 참람이결약의궤롤문지매
【구약】(사무엘하 六쟝 六졀) 여호와ㅣ노ᄒᆞ샤그허믈을칙ᄒᆞ샤ᄒᆞ여곰궤압회셔죽게
ᄒᆞ시니라

진고ᄉᆞ패 　三十九　一

【젹변】 우희구약두쟝을안힘ᄒᆞᆫ건대가히알지라결약의궤눈비록무령흔물건이로딕요수
에와모든빅셩이그압회ᄉᆞᆯ어업딕여뎐쥬씌슬피고ᄒᆞ엿시니우리교즁에셔셩샹과셩물
울경례ᄒᆞ고감히셜만치못홈은녜로더브러다름업ᄂᆞ니라

【십ᄌ】 십ᄌᆞ셩가롤경례홈을의론홈어라(기롤실노예 렬ᄭ에셕눈 도로혀말ᄒᆞ 수롤룽욕홈이라ᄒᆞ누니라)

六一 【신약】(요한복음 三쟝 十四졀) 예수ㅣ굴ㅇ샤ᄃᆡ모세가광야에셔비(가에ᄌᆞ 십ᄌᆞ)
암을놉히단것ᄀᆞ치인ᄌᆞ도놉히달믈닙어야ᄒᆞ리니
무론누구던지뎌롤예수롤밋으면영성홈을엇으
리라

【졍신】 녜젹에 텬쥬ㅣ 모이세를 명ㅎ샤 구리비암울 들어 비암물닌쟈로 ㅎ여곰 앙겸ㅎ면 육신의 죽음을 면케ㅎ셧시니 예수ㅣ 십즈가에 달니심도 또ㅎ 그러ㅎ야 교우로 ㅎ여곰 셩당에 나아가 나집에 들어가 ㅎ샹 예수 십즈가룰 우러러 브라보고 예수ㅣ 우리 죄인을 위ㅎ야 슈고 슈난ㅎ심을 싱각ㅎ야 우리 죄룰 뉘웃셔ㅎㄴ고 기과쳔션ㅎ기로 뎡지ㅎ야 써 령혼이 영싱의 복을 엇으리라

【션약】 마가복음 八쟝 三十四졀 예수ㅣ 무리와 뎨즈들을 불너 굴으샤딕 누구던지 나룰 ㅼ로려ㅎ거든 거고 그 십즈가룰 지고 나룰 조차라 (그고툴밧들고 그표 양을 효법ㅎ이라)

【졍신】 맛당이 즈긔룰 이긔며 십즈가룰 지고 예수룰 ㅼ로다ㅎ믄 셰샹 고난을 춤아 밧음을 그르침이니 이러므로 우리 교즁에셔 십즈룰 뫼심은 오직 예수ㅣ 녯젹에 쳔고만난 밧으심을 닛지말고 우리도 맛당이 젹은 고난이라도 감슈ㅎ야 써 그 막즁ㅎ은 공을 보답ㅎ기룰 위홈이니라

진고스패　四十

六二 예수의 십즈고샹을 슬희여ㅎ고 붓그러워ㅎ눈쟈눈 텬쥬의 간션ㅎ쟈ㅣ 아니라

【신약】 고린도젼셔 一쟝 二十三졀 바울이 콜ㅇ딕 우리등은 십즈가에 못박히신 그리스도룰 젼ㅎ니 유대인의게눈 (나가치닐ㅇ딕ㅣ 섭즈가딕) ㅎ눈거시 되고 이뻥인의게눈 (고고에 예수룰 밋지 아니ㅎ눈 사롬밋) 우준ㅎ거시 되딕 오직 부르심울 밧은쟈의게눈 유대인이나 헬나인이나 그리스도눈 샹뎨 권능이오 샹뎨의 지혜니라

【졍신】 십즈가의 도가 멸망ㅎ눈 사롬의게눈 (지눈사롬의게눈 우준ㅎ거) 시되고 구원을 엇눈 우리의게눈 샹뎨의 권능이 되ㄴ니 어의교ㅎ고 와 어니 십즈가 알기룰 텬쥬의 부르신 사롬인다 ㅎ믈이라 졀十八

〔젹회〕 우희 신약 두 쟝을 안찰ㅎ건대 가히 알지라 텬쥬의 간션ㅎ시지 아닌 사롬은 십즈가 보기를 슬희여ㅎ고 밋쳔 것 곳치 녁이나 오직 텬쥬의 부르심으로 구령 승던홀 사롬은 다 힝이 십즈가를 흔번 엇으매 곳 텬쥬의 크게 쓰시눈 괴묘흔 괴계로 녁이ㄴ니 이러므로 렬교던지 누구던지 예수의 십즈가를 비쳔이 녁이고 슬희여ㅎ눈 쟈눈 이에 멸망ㅎ눈 무리니라

六三 ⊙ 련옥과 밋 망쟈 긔념홈을 의론홈이라 (불도의 망녕됨으로 홀녀간다 ㅎ누니라 / 렬고에 셕눈도 로혀 말ㅎ기룰)

혹이 굴으딕 우리 예수교에셔 논 련옥이 잇슴을 밋지 아니ㅎ누니 대개 사롬이 죽은 후에 그 령혼이 승던치 아니면 곳 디옥 영고에 느리거놀 던쥬교에셔눈 망쟈룰 위ㅎ야 긔도ㅎ고 졔룰 드리니 무어시 유익ㅎ리오

진교사패

티답ㅎ딕 우리 사롬이 죄 업눈이 가 업스딕 죄가 대쇼가 잇고 악도 경즁이 잇스니 극악 대죄눈 진짓 디옥으로써 벌ㅎ려니와 쇼죄와 미흔 허물만 잇눈 쟈도 맛당이 영고 디옥에 보내랴 혹 죽시 텬당으로 올나랴 이 두가지 논 다 못ㅎ거시니 그런고로 의리로만 밀와여도 련옥이 잇슴을 불가불 밋을지니라

四十一

六四 〔구약〕 마가복음 二쟝 四十三졀 드락마(은젼 일홈)은 일만 이쳔을 취렴ㅎ야 예루살넴에 보내여 써 망쟈들의 죄룰 위ㅎ야 졔룰 드리

〔젹회〕 고교 대쟝군 유다가 뎍국으로 더브러 서로 싸호다가 교즁 병뎡이 만히 죽은지라 빅셩을 권ㅎ야 은젼올 거두어 써 죽은 군ㅅ들의 령혼을 위ㅎ야 졔헌ㅎ엿더니 죽은 쟈의 령혼이 영고 디옥에 누렷시면 능히 서로 구원홀 법이 업고 ㅼ또 만일 림보에 갓시면 반듯시 도아줄거시 업눈디 이 고경에 긔록혼 거슬 보건대 고교 사롬도 련옥이 잇눈 술을 진실이 밋어 의심이 업스니라 (ㅼ또 빌닙보셔 二쟝 十졀이나 혹 이쳑 四十八호에 보라)

六五 〔신약〕 마태복음 五쟝 二十五졀 예수ㅣ 굴ㅇ샤딕 너를 숑ㅅㅎ눈 사롬

과 홈ᄭᅵ길헤잇실때에급히스화ᄒ라그숑스ᄒ는쟈

가너를법관의게붓치고법관이관예의게붓쳐

옥에가돌가념려ᄒ라진실노너의게닐ᄋ노니네가ᄒ리

라도갑기젼에는결단코거긔셔나오지못ᄒ리라

[격언] 예수ᅵ숑스로써련옥을비유ᄒ샤맛치닐ᄋ시되피고가원고로더브러판관압회셔

지판ᄒᆯ때에리치에굴ᄒ야질줄을알면맛당이급히원고로더브러스화조쳐ᄒ지니그러

치아니면옥에갓쳐일호라도다갑지안코는나오지못혼다ᄒ셧시니사람이셰샹에잇실

때도ᄯᅩᄒᆫ그러ᄒ야만약죄의벌을다기워갑지아니면스후에련옥에ᄂ려호리라도다갑

하야바야흐로나오ᄂ니라그러나승런쟈는가히갑홀벌이업고디옥에ᄲᅡ진쟈ᄂ영원이

벌을밧ᄂ니예수의말슴을증거ᄒ야갑하뫼힌후에가히나아온다ᄒ니이ᄂ련옥이잇슴

을분명이알지니라

[신약] (진교스패 / 마래복음 十二 쟝 三十二 졀) 예수ᅵ골ᄋ샤디누구던지말노인쟈를거

四十二

역ᄒ면샤ᄒ시려니와오직누구던지말노셩신을거역ᄒ

면이셰샹과올셰샹에도샤ᄒ시지아니ᄒ리라

[격언] 말노써셩신ᄭᅴ득죄ᄒ눈쟈눈그죄룰금셰에셔도샤ᄒ지못ᄒ고후셰에셔도샤ᄒ지

못ᄒ거시오만일다룬사룸의게득죄ᄒ눈쟈눈그죄룰예수의말슴대로가히샤ᄒ눈니곳

금셰에셔도샤ᄒ고후셰에셔눈그죄룰영원이샤

ᄒ지못ᄒ고련당에셔눈가히샤ᄒ죄가업실터인디예수의말슴이후셰에디옥에셔눈그죄룰영원이샤

눈곳이잇다ᄒ시니이ᄂ련옥을ᄀᆞᄅ침이아니고무어시뇨

◎ 지쇼직힘을의론홈이라 (이렬교눈지룰직회눈법 / 도모지업눈니라)

예수ᅵ스십일을엄지ᄒ샤친히표쥰을셰우시니라

六六 一

예수ㅣ셩션의게인도홈이되여광야에가샤마귀의게시험을밧으실ㅅ ㅅ십일을쥬야로금식ㅎ신후에주리시더니 【신약】 마태복음 四쟝 一졀 운

六七 二 샤마롤믈니치고져ㅎ면예수의명령대로맛당이지롤직회고념경홀지니라

뎨ㅈ들이예수ㅣ끼나아와죵용이굴오디우리눗엿지이샤귀롤쫏지못ㅎ엿ㄴ잇가 리도홈과금식홈으로써아니ㅎ면쪼차ㅣㅔ지못ㅎㄴ라 【신약】 마태복음 七쟝 十九졀 二十一졀 운 운 이류 마 커

六八 三 지쇼롤직회눈쟈의게예수ㅣ공과샹을허락ㅎ시니라

예수ㅣ굴오샤디금식홀때에너회눈외식눈쟈와굿치실심ㅎ눈모양으로ㅎ지말나더들은용모롤변ㅎ야금식ㅎ눈거슬다룬사룸의게뵈이려고ㅎ눈내가젼실노너회게닐ㅇ노니더들은그샹급을임의밧앗누나라금식홀때에너눈머리에기름을바르고낫출씻ㅅ라이눈 금식ㅎ눈거슬다룬사룸의게뵈이려고홈이아니오다만은밀ㅎ춍에계신네부끼뵈임이니은밀ㅎ춍에보시눈네부가갑ㅎ시리라 이면게반드시련쥬끼샹울밧누니라뵈히룰엇어보게ㅎ시니라 【신약】 마태복음 六쟝 十六졀 놈의게알게ㅎ야쎠헛일홈을ㅎ고로지직회흰공을일흠이라 젼 지직회눔 공부롤눔

六九 四 과부안나의긔도ㅎ고지직힘울셩경에찬미ㅎ고련쥬ㅣ또ㅎ더의게예수영히룰엇어보게ㅎ시니라

과부된지팔십ㅅ년이라 【신약】 누가복음 二쟝 三十七졀 야젼지녀인안나가슈졀ㅎ야팔십ㅅ셰에너니룸이라

이사름이 셩뎐을 ᄯᅥ나지아니ᄒᆞ고 금식ᄒᆞ며 긔도ᄒᆞᆷ으로
쥬야에 봉ᄉᆞᄒᆞ더니
때에 와 상뎨ᄭᅵ 감샤ᄒᆞ고 예루살넴을 구쇽ᄒᆞ긔ᄅᆞᆯ ᄇᆞ라던
모든 사름의게 이영으롤 말ᄒᆞ더라

七十
五 종도들이 신공을 힘ᄡᅥ거나 혹 무ᄉᆞᆷ 큰일을ᄒᆞ고져ᄒᆞᆯ매 다 몬져 지ᄅᆞᆯ 직희니라

(선약) 소도ᄒᆡᆼ젼 十三쟝 二졀
쥬ᄅᆞᆯ 봉ᄉᆞᄒᆞ야 금식ᄒᆞᆯ때에 셩신이ᄀᆞᆯᄋ 별노히 세워 내가 불너부
샤ᄃᆡ 바나바와 사울을 려쓸일을ᄒᆞ게ᄒᆞ라ᄒᆞ시니 금식ᄒᆞ며 긔도ᄒᆞ고
모든이가 셩신의 명을 조차 각지ᄅᆞᆯ직회며 념경ᄒᆞ야 신픔에 오릭기ᄅᆞᆯ 예비홈이라 두사름 우회손을 안찰ᄒᆞ
교 오릭눈 례졀과 아오로 신픔의뎐을줌이 신픔에 보내더라

진고ᄉᆞᄑᆡ

四十四

들을 셰워 긔도ᄒᆞ며 금식ᄒᆞ고 뎌들의 밋는 쥬의게 부탁ᄒᆞ
이보냄 十三졀 二쟝 두ᄉᆞ도가 각회즁에셔 쟝로
교 에뎐 쥬의 보호ᄒᆞ심 부탁홈이라

七一
◉ 교회의 셩젼을 의론홈이라

예수와 밋그 종도들의 언힝을 칙에쓴거 신셩경이라닐ᄋ고 혹셩현들이 말노셔로젼ᄒᆞ야
오난거 신셩젼이라닐ᄋᄂᆞ니라 이러므로 뎐쥬도리ᄅᆞᆯ 궁구ᄒᆞ고 상고져ᄒᆞ면 다만 셩
경으로빙거ᄅᆞᆯ삼을ᄲᅮᆫ아니라 ᄯᅩ 흔셩젼으로써 빙거ᄅᆞᆯ삼ᄂᆞ니 대ᄲᅢ 피ᄎᆞ에다 각각 뎐쥬의
진도ᄅᆞᆯ 보존홈이니라 더럴교에셔ᄂᆞᆫ 말ᄒᆞ기ᄅᆞᆯ 신약구약 두셩경외에ᄂᆞᆫ 별노 다ᄅᆞᆫ디셔도

리룰구흘거시업다ᄒᆞ야네젼셩현의젼ᄒᆞᆼ야오눈글은다묵거ᄇ리고다만셩경으로만즁

거룰삼으니이눈셩경이잇신후에야교가잇고셩경이업ᄉ면교가업다홈과일반이로다

엇지싱각지아니ᄒᆞᄂᆞ뇨마래눈예수승텬후대략십오년에복음을쓰고마가눈대략십팔

년에복음을긔록ᄒᆞ고루가눈대략이십오년에쓰고요한은대략륙십오년에복음을긔록에

씻ᄉ니이복음을쓰기젼에눈다만구젼으로만교물젼흠이분명ᄒᆞ도다신약셩경을칙에

숨일을ᄒᆞᆼ엿ᄂᆞ뇨그런고로셩젼이잇눈거시일뎡의심업ᄉ니이아래신약의즁거룰보라

[七二 신약] 요한복음二十쟝三十졀 예수ㅣ뎨ㅈ의압회셔ㅡ다른이상ᄒᆞᆼ

힝젹을만혀힝ᄒᆞᆼ신거술이칙에다긔록지못ᄒᆞᆼ엿시나 오직긔록ᄒᆞᆼ이거슨 대략몃가지 긔록ᄒᆞᆼ것이 너회 그런

로ᄒᆞᆼ여곰예수끠셔그리스도ㅣ시며상뎨의아둘이심을

밋게흠이오

진고ㅅ매 四十五 ㅡ

[신약] 요한복음二十五졀 예수의다른힝젹이또만흐니다낫낫치

거록ᄒᆞᆼ려ᄒᆞᆼ면내가싱각ᄒᆞᆼ건대쟝춫긔록흘칙을둘곳이

이셰샹이라도부죡ᄒᆞᆼ리라 셰계의넓음으로도다 수가업다흠이라

[신약] ᄉ도힝젼一쟝三졀 ᄉ십일을뎌들의게 외게들 외죵도들

일을말숨ᄒᆞᆼ시니라 나라혼고ᄒᆡ오일은고 즁도리와법률이라

[七三 신약] 고린도젼셔一쟝三十四졀 바울이글으디 그남아눈내가어느

와법률도또한다칙에긔록지못ᄒᆞ엿신즉셩젼율샹고ᄒᆞ면다가히엇어알지니라

고ᄯᅩ부활ᄒᆞᆼ신후ᄉ십일동안희여러번죵도들을면뒤ᄒᆞᆼ야보시고강론ᄒᆞᆼ신바교즁도리

우희신약삼쟝을안험ᄒᆞᆼ건대예수의만흔말숨과만흔힝젹을셩경에다긔록지못ᄒᆞᆼ

때던지갈때에귀명ᄒᆞ리라 마치닐ㅇ디너희애눈ᄀᆞ륵실노다쓸수가아직업ᄉ

너내가너희곳에가너룩치마ᄒᆞᆼ흠이라 면

요한 十二쟝 一졀 셕　요한이글ㅇ더내가너회게글을써보낼거

시만호나조회와먹으로쓰지아니호고오히려너회게가

셔면디호고말호야　十三졀에드셔라　또요한일쟝에보라

우희신약삼쟝을안찰호건대종도돌이비록칙을써셔교우들을훈계훈거시만호나

그러호나면디호야말노ㄱ르치고칙에쓰지아니훈거시더만코쏘안드리아비리버도마

발도로메오쟝야고버마디아들이죵신토록션교호셧시디훈칙도쓰지아니호엿신즉그

젼교훈도리가반드시셩젼에보존호야엿눈거시의심이업눈니라

七十四　젼약

바울이글ㅇ더우리들의말노나　눈어

너회들이비혼바류젼을직회라　이눈곳셩경어라

편지로　시약　마태복음八쟝二十졀　예수ㅣ글ㅇ샤디내가너회게분부훈거

슬다고훈호야직회게호라

진교소패　四十六

우희신약두쟝을안찰호건대입으로젼훈도리와다못글노쓴도리롤다맛당이준힝

호고직힐거시오또예수ㅣ종도들을보내샤텬하에젼교호게호실식득별이입으로써ㄱ

르치고기롤명호신고로긔이훈능을주샤만국말올빅호지아니호고달호게호심은속히널

니젼호고져호심이니만일글노써셔젼교홀양이면칙올얼마나써야호겟눈뇨예수렬교

에셔눈셩경을준힝훈다호면셔도셩경에붉이말훈바셩젼을밋지아니호니스스로셔로

거스림이심호도다

◎밋기만호고힝치아니호면구령승텬호지못홈을의론

홈이라

혹이글ㅇ더우리션조루테로등이교롤셰운뜻은본릐불샹훈인싱으로호여곰굿호야고

신국긔호며소욕편졍을억졔훌거시아니라다만예수만단단이밋고아오로구셰호신

공을힘닙어다가히하ᄂᆞᆯ에오르기룰위흠이니그말이올치아니냐 (량교합편쳑에잇는말)

딕답ᄒᆞᄃᆡ진실노그럴진대슈고로이ᄉᆞ육편졍을이긘쟈ㅣ도로혀ᄉᆞ육편졍을방죵이ᄒᆞ야쾌락을누린쟈보다더거룩ᄒᆞ거시업ᄉᆞ리니뉘즐겨듣거ᄉᆞᆯ비리고쓴거ᄉᆞ를취ᄒᆞ리오그러나슬프다다만셩경의거룩ᄒᆞᆫ뜻으로더브러서로크게어그러지ᄂᆞᆫ것만익셕ᄒᆞ녁이노라그어그러짐을즁험코져ᄒᆞ거든이아래신약졔편을보라

七五 [신약] (야고버셔二쟝十졀) 누구던지법률을다직회ᄒᆞ다가ᄒᆞ나히라도범ᄒᆞ면다범ᄒᆞᆫ쟈가되ᄂᆞ니간음ᄒᆞ지말나ᄒᆞ신이가ᄯᅩᄒᆞᆫ살인ᄒᆞ지말나ᄒᆞ셧신즉네가비록간음ᄒᆞ지아니ᄒᆞ엿

七六 셔도살인ᄒᆞ면 (계ᄂᆞᆫ직회고오계ᄂᆞᆫ범홈이라) 법률을범ᄒᆞᆫ쟈가되ᄂᆞ니라 (졀十四) 나의형예들아만일사ᄅᆞᆷ이밋음이잇노라ᄒᆞ고힝홈이업ᄉᆞ면 (셕을힝홈이업슘이라) 무숨리익이잇ᄉᆞ리오그밋음이능히즈괴룰구원ᄒᆞ겟ᄂᆞ냐 (졀十七) 이곳치만일밋음의힝홈이업ᄉᆞ면 (아밋고힝치아니ᄒᆞ면) 홀노잇서죽은거시라 (밋고힝홈이지아님으로더브러다밋룸이업누니라) 혹이굴ᄋᆞ듸너ᄂᆞᆫ밋음이잇고나ᄂᆞᆫ힝홈이잇ᄉᆞ니너의힝홈은고샤ᄒᆞ고너의밋음을내게뵈라ᄯᅩᄒᆞᆫ내가힝홈으로 (셕을힝홈으로ᄡᅵ) 나의밋음을네게뵈리라 (힝홈은신덕의효험이니힝홈이엄ᄉᆞ면엇지능히) 네가샹예가오직ᄒᆞ나히신줄을밋으니잘ᄒᆞ는도다으련니쥬ㅣ오직ᄒᆞ나히시오둘히업ᄉᆞ면 (이신덕은진실합당ᄒᆞᆫ신덕이솜을밋으니) 샤귀들도ᄯᅩᄒᆞᆫ밋고젼률ᄒᆞ야ᄯᅥᄂᆞ니라 (ᄉᆞ면마귀의밋음이잇고힝홈이업ᄉᆞ면마귀의밋음을커마)

七七 셩명이 (셩명이령혼이라) 업ᄉᆞ면육신이죽ᄂᆞᆫ것ᄀᆞ치힝홈이업ᄉᆞ면밋음이죽은거시니라 (신이힝홈이업ᄉᆞ면죽은신이됨ᄀᆞ치신덕이에령혼이힝홈이이업ᄉᆞ면죽은신덕이너라)

우희 신약에 말ᄒᆞᆫ 바 힝홈이라 ᄒᆞᆫ거슨 신이에 쥬의 계명을 삼가 직희ᄂᆞᆫ 힝실이오 소욕을 이긔고 졍리ᄅᆞᆯ 회복ᄒᆞᄂᆞᆫ 힝실이어늘 렬교에셔ᄂᆞᆫ 말ᄒᆞ기ᄅᆞᆯ 밋기만 ᄒᆞ면 구령ᄒᆞᆫ다 ᄒᆞ야 교즁에 막즁ᄒᆞᆫ 도리와 법률을 만의 ᄒᆞ나 훌겨 우직희교 스스로 닥기ᄅᆞᆯ 힘쓰지 아니ᄒᆞ며 훌노 혼낫 죽은 신덕을 의지ᄒᆞ야 벼기ᄅᆞᆯ 편안이 ᄒᆞ고 격졍이 업스니 슬프다 이교의 병근이 온젼이 여긔 잇도다 만일 그 병의 쌀 회ᄅᆞᆯ 뼈지 아니면 경긱에 위틱ᄒᆞ고 패망홈을 당ᄒᆞ리라

고린도젼셔 十三쟝二졀 바울이 굴ᄋᆞᄃᆡ 내가 미리 말ᄒᆞᄂᆞᆫ 능이 잇서 모든 오묘ᄒᆞᆫ 뜻과 모든 학술을 통달ᄒᆞ고 또 산을 옴길 만ᄒᆞᆫ 모든 밋음이 잇슬지라도 능이 산을 명ᄒᆞ야 옴ᄒᆞ게 ᄒᆞ라게 ᄒᆞ면 신덕ᄋᆞᆺ고 또 큼이라게 ᄒᆞᄂᆞ니오 ᄉᆞ랑이 업ᄉᆞ면 내가 아모 것도 아니오 지라도 죡히 밋을 거시 업ᄂᆞ니 대개 신덕은 산을 명ᄒᆞ야 옴기ᄂᆞᆫ 신덕에셔 더 큰 거시 업ᄉᆞ티

우희 신약 일쟝을 안찰ᄒᆞ건대 사ᄅᆞᆷ이 싱활ᄒᆞᆫ 신덕이 업ᄉᆞ면 비록 무숨 됴흔 거시 잇실지라도 만일 이덕이 업ᄉᆞ면 다 내게 무익홈이오 또 익의 덕은 쥬ᄅᆞᆯ ᄉᆞ랑ᄒᆞ야 그 법도ᄅᆞᆯ 직힘이니 고로 예수ㅣ 굴ᄋᆞᄃᆞ니 만일 나ᄅᆞᆯ ᄉᆞ랑ᄒᆞ면 내 계명을 직희라 ᄒᆞ시니라 (쏘 三十四호에 보라) 일노 말ᄆᆡ암아 보건대 예수 렬교ㅣ 그 외모에ᄂᆞᆫ 비록 익궁 시샤ᄅᆞᆯ ᄒᆞ고 여러 가지 묘ᄒᆞᆫ 일을 셜시ᄒᆞ나 예수의 교법을 도모지 직희지 아니ᄒᆞᄂᆞᆫ 고로 죵리 무익ᄒᆞ니라

七八 [셩약] 마태복음 七쟝二十一졀 예수ㅣ 굴ᄋᆞ샤ᄃᆞ려 쥬여 쥬여 ᄒᆞᄂᆞ쟈마다 텬국에 다 들어갈 거시 아니오 다만 하ᄂᆞᆯ에 계신 내 부의 뜻대로 힝ᄒᆞᄂᆞᆫ 쟈라야 들어 가리라 그 날에 혼 사ᄅᆞᆷ이나 ᄃᆞ려닐ᄋᆞᄃᆡ 쥬여 우리들이 쥬의 일홈으로 션지쟈 노릇ᄒᆞ며 쥬의 일홈으로 샤귀ᄅᆞᆯ 쫏차며 쥬의 일홈으로 모ᄃᆞᆫ 능ᄒᆞᆫ 일을 힝치 아니 ᄒᆞ엿ᄂᆞ닛가 그ᄯᅢ에 내가 뎌들을 ᄃᆞ려 ᄇᆞᆯᄋᆞᆯ 말ᄒᆞ

디 내가 녀회를 도모지 아지 못ᄒᆞᄂᆞ니 불법ᄒᆞᆫ 일을 ᅙᆡᆼᄒᆞᄂᆞ
쟈들아 내게셔 떠나가라 ᄒᆞ리라

【젹힌】 우희 신약 일쟝을 안힘ᄒᆞᆫ건ᄃᆡ 심판날에 예수ㅣ 신덕이 잇고 업슴을 뭇지 아니시고오
직션을 힝ᄒᆞ고 아니 힝홈을 무릇 시리니 대개 이 무리들이 디옥에 ᄂᆞ리ᄂᆞᆫ 연고ᄂᆞᆫ 예수를 밋
지 아닌 연고 가 아니라 오직 그 일홈을 칭탁ᄒᆞ고 그 교를 젼ᄒᆞ되 가히 나라ᄂᆞᆫ 춈션이 업ᄂᆞᆫ
연고ᄂᆞ니라 우리 교에 도밋음이 잇고 그 일을 힝치 아니ᄒᆞ면 렬교와 다름이 업스니 깁히 싱
각ᄒᆞᆯ지어다

◉셩ᄉ칠젹을의 론홈이라

쇼인

七九 루테로등이임의이론을창셜ᄒ고별ᇁ교룰시작ᄒ시일쳔오뵉년에항상힝ᄒ고젹
희던예수의셩ᄉ칠젹을일죠에네다ᄉᆞᆺ슬ᄇᆞ리고그보존ᄒᆞᆫ바ᄂᆞᆫ쇼위셰례와셩찬두가지
나그러나그도ᄯᅩᄒᆞᆫ곳치고변ᄒ고어즈러이풀어횡셜슈셜노겨유그일홈만보존ᄒ고그
실샹은온젼이일허ᄇᆞ렷ᄂᆞ니라 오쥬예수의무한ᄒᆞᆫ신의졍을셩각건대당신이슈고
난ᄒ신무궁ᄒᆞᆫ공로룰셩ᄉ칠젹에붓쳐써만민의게통ᄒ야주샤ᄒ여곰령신싱명을보존
케ᄒᆞ셧시니만일이셩ᄉᆞ업ᄉᆞ면걸단코구령승텬ᄒ기어려온지락그관계가이러ᄃᆞ시
즁대ᄒᆞᆫ고로이에ᄐᆞᆨ별이부록일편을지어종도ᄡᅥ브터ᄂᆞ려오ᄂᆞᆫ셩ᄉ도리룰ᄎᆞ례로낫낫
치신약을잇그러증거ᄒ노라

진교소패

◉셩셰셩ᄉ룰의론홈이라

五十

八十 혹이굴으딕우리예수교에셔사롬의게셰례룰힝홈은이에예수밋ᄂᆞᆫ거슬표ᄒ고
샹몌ᄯᅵ죄샤홈을구홈이니셰례가능히사롬의죄룰샤홈이아니니라고로슈목ᄉ요쥰의
널은바와굿치셰밧은시몬은능히셰밧은은혜룰엇지못ᄒ고셰아니밧은흔우도ᄂᆞᆫ도로
혀가히ᄒᆞᆫ가지로텬국에들어갓시니가히보건대구령승텬홈은예수의공젹을밋고의뢰
홈이쪽ᄒᆞᆫ거시오실노셩셰가능히사롬의죄룰샤ᄒᆞᆷ이아니어ᄂᆞᆯ(량교합변쳑에잇ᄂᆞᆫ말)
녀희텬쥬교에셔ᄂᆞᆫ그러치안타ᄒᆞᆷ은엇짐이뇨
딕답ᄒᆞ딕신약안회셩셰강론ᄒ기룰구쟝즈셰히ᄒ고구쟝확실이ᄒ엿시니역견의말노
풀거시아니니라쳥컨대보라
八一 [신약] 요한복음 三쟝三졀 예수ᅵ굴으샤뎌진실노네게닐ᄋᆞ니
사롬이거듭나지아니ᄒᆞ면샹몌의나라홀보지못ᄒᆞᄂᆞ니

라 니고데모ㅣ 굴ㅇ디 사룸이 늘으면 엇더케 나겟습ㄴ잇

가 지츠 모친 복즁에 들어갓다가 날수 잇습ㄴ잇가

예수ㅣ 디답ㅎ시디 진실노 네게 닐

ㅇㄴ니 물과 셩신으로 나지아니

ㅎ면 샹뎨에 나라희 들어가지 못ㅎㄴ니 육신으로 난거손

육신이오 거손 또혼 신으로 난거손 신이니

믿텬쥬눈 신이시니니 거손 또혼 신이로라 거듭나야ㅎ겟다ㅎ눈 말을

나ㅎ매 일노인야야 곳 승텬ㅎ지 못ㅎ고 반듯시 긔이히 녁이지 말나

청쎼로쎠 다시 나ㅎ야ㅣ야ㅎ로 승텬ㅎㄴ니라

지언뎡 가히 신효 잇눈 거술 너ㅣ 가히 밋을 이곳 가히 풀든 못ㅎ리라ㅎ심이라

【젹히】 이신약일쟝을 안찰ㅎ건대 셩셰눈 사룸의 령혼으로ㅎ여곰 다시 나게ㅎㄴ니 그러치

아닌즉 만만코 승텬ㅎ지 못ㅎㄴ니라

【신약】 사도힝젼二 쟝三十八졀 베드루ㅣ 굴ㅇ디 너회들이 회기ㅎ야

각각 예수그리스도의 일홈으로 셰례 룰 밧고 죄샤홈을 엇으라 그리ㅎ면 주신 셩신을 밧으리니

【젹히】 이신약일쟝을 안찰ㅎ건대 셩셰봉교ㅎ게원ㅎ눈자의 죄룰샤ㅎㄴ니 가히 알지라셰

밧기룰 원치 아닛눈쟈눈 죄샤홈을 엇지 못ㅎㄴ니라

【신약】 마가복음十六쟝十五졀 예수ㅣ 굴ㅇ샤디 너회눈 온텬하에 힝ㅎ며

만민의게 복음을 젼파ㅎ라 밋고 셰례룰 밧눈사룸은 구원

을엇을거시오 밋지아닛눈사룸은 죄룰 뎡ㅎ거시니

【젹히】 이신약일쟝을 안찰ㅎ건대 예수ㅣ 득별이 종도들을 명ㅎ샤 반듯시 맛당이 만민의게

셰룰 붓쳐주어야ㅂ야ㅎ로 가히 구령홈을 엇으리라ㅎ셔니라

八三

【신약】 고린도젼셔 六쟝十一졀 바울이 골으ᄃᆡ 너회 즁에 이 ᄀ잣ᄒᆞ쟈가 잇더니 (너회교우들이 령셰ᄒᆞ기젼의 인회외인이라 ᄎᆡ에 눈 만히 범죄ᄒᆞ엿다ᄒᆞᆷ이라) 슈예수그리스도의 일홈과 우리 샹뎨의 신을 인ᄒᆞ야 (삼위일톄의 셰홈이라) 셰홈과 거룩홈과의 로 옴을 엇엇ᄂᆞ니라

진교ᄉᆡ문 五十二

八四 이제 슈목ᄉᆞ의 망녕되이 시몬과 우도의 소경을 말ᄒᆞᆫ 거슬 푸노라 대뎌 사룸이 령셰 후에 교법을 직희지 아니ᄒᆞ고 무소불위ᄒᆞ다가 죵리 승텬을 못ᄒᆞᆫ 거슨 신셩셰 가능히 그 사룸의 젼죄룰 샤ᄒᆞ지 아니ᄒᆞᆫ 연고 가 아니라 실노 령셰 후에 범죄ᄒᆞᆫ 거슬 ᄎᆞᆷ내 동회뎡긔ᄒᆞᆫ 후에 범죄ᄒᆞᆫ 거시 나 혹 가치 아니ᄒᆞ냐 ᄃᆡ답ᄒᆞ라

룰 열의홈으로 화셰ᄂᆞᆫ 엇어 죄샤홈을 밧으니라 슈목ᄉᆞ가 간교히 더두 사룸의 실샹 힝젹을 숨기고 것 모양만 가져 망녕되이 말ᄒᆞ기룰 셩셰 능히 사룸의 죄룰 샤ᄒᆞ지 못ᄒᆞ다 ᄒᆞ나 셩경의 춤 ᄯᅳᆺ을 비반홈이 심ᄒᆞ도다

◉ 【견진】 견진셩ᄉᆞ룰의 론홈이라

렬교에셔 눈 만히 망녕되이 말ᄒᆞ기룰 견진은 에수의 쳔히 뎡ᄒᆞ신 셩ᄉᆞ가 아니라 ᄒᆞ야 엽눈 것 ᄀ잣치 ᄇᆞ려 두눈 고로 이에 신약을 잇고 러 그 대략을 드노라

八五 【신약】요한복음七쟝三十八졀
예수ㅣ굴ㅇ샤ㄷㅣ사람이나룰밋ㅇ면 셩경(이라경)에닐음굿치그빅에셔셩활호물이강굿치호르리라(셩신칠은이강물굿치만홈올ᄀ릭침이굿치라)호시니이믿는사람의밧울셩신을말숨호신거시니이때에셩신이ㄴ리지아니호심은예수ㅣ아직영광을엇지못호심이러라(련예수ㅣ아직부활승호지아니심이라)

【진교】이신약일쟝을안찰호건대일후교즁모든사람이맛당이셩신령호기룰예수ㅣ허락호심이니라

【신약】사도힝젼二쟝二졀
홀연이하놀노브터소리잇서크고급호바람굿치더들의안즌온집에(그집안희일뵉이십인이잇섯누니라)충만호며불굿호혀짜기진거시더들의게나라나각사람우회림호야잇더니뎨즈들이다셩신의츙만홈울엇어

진교소패

五十三

【진교】당초예죵도들이실노견진셩소룰령호니라

八六 【신약】사도힝젼八쟝十四졀
예루살넴에잇는소도들이사마리아도상뎨의말숨을밧앗다홈을듯고니두사람이ㄴ려가모든이룰위호(베드루와요왕이라)(호가지로공념호야견진셩스밧기룰예비홈이라)니아직호사람도셩신밧기룰도호을밧지못호고오직쥬예수의일홈으로모든이의게덥호매(견진셩스주례졀이라)즉시셩신을밧는지라

【신약】사도힝젼十쟝二졀
바울이ㄷ너회들이밋을때에(령셰호후에)셩신을밧앗ㄴ냐굴ㅇ디아니라우리들은셩신주심을듯지

도못ᄒ엿노라ᄒ거늘바울이굴ᄋ뒤그러면너회들이무

솸세례를밧앗ᄂ냐 뒤답ᄒ뒤요안의

세례를밧앗노라ᄒ니바울이굴ᄋ뒤요안어회ᄒᄂ세

례를베풀어

결五 뎌들이이말을듯고곳슈예수의일홈으로세례를밧ᄋ

나바울이그우회손을덥ᄒ매셩신이그우회림ᄒ샤

八七 젹ᄒ 우회신약이쟝을안험ᄒ건대종도들이여러번견진을주시고쏘견진ᄒ

눈권은홀노종도들이가졋ᄂ니라대개종도힝젼을다술펴보건대므릇교우들의게견진

준쟈눈다이죵도들이니모든이우회손을덥ᄒ려견진을주고뎨죠와문도들은다감히이권

을쳔단ᄒ야가지못ᄒ엿스니견진힝ᄒᄂ권은본리쥬교의본직인줄을가히알지니라

八八 ◎고희셩ᄉ룰의론ᄒᆷ이라

혹왈뎐쥬교인운말ᄒ기룰신부가뎐쥬의권을뒤신ᄒ야샤죄경을념ᄒ면곳죄가샤ᄒ다

ᄒ야교즁모든이가다이일울힝ᄒ되온젼이밋어의심이업스니일홈운고희셩ᄉ라ᄒ나

우리예수교에셔눈어ᄂ교목ᄉ던지다합력ᄒ야치ᄂ니고로슈목스말ᄒ뒤고희일

스눈이에우몽훈신부의슐업이니이눈마치방패와창울것구로잡고교우들울압졔홈굿

ᄒ니즛못아지못게라샤죄지권을잡은이논샹뎨시오신부눈쏘ᄒ나사롬이니다죄

가잇스뒤능히스스로샤ᄒ지못ᄒ거든엇지도로혀놈의죄롤샤ᄒ리오가히보건대두교

의의론이뎐디굿치현졀ᄒ니라 (량교합변쳑에잇ᄂ말)

뒤답ᄒ뒤루테로등이셰샹에나기젼에고희셩ᄉ눈뎐쥬교즁에ᄒ샹힝ᄒ야ᄒ갈굿치일

쳔오빅년을지내고쏘고희일ᄉ눈ᄀ장힝기어려온일이라만일뎐쥬예수의엄명으로녜

젼브터쥰뎡ᄒ심이업섯시면엇지시러금후셰ᅵ지오래힝ᄒ리오

八九

一 예수ㅣ샤죄ㅎ눈 권을 가져 종도의게 붓쳐주시기를 ㅎ두번뿐 아니니라

【신약】 마태복음 十六쟝 十九졀
예수ㅣ 베드루의게 글ㅇ샤디 내가 텬국의 열쇠를 네게 주리니 네가 따ㅎ 미면 하늘에셔도 밀거시오 네가 따ㅎ 하늘에셔도 풀니라 (시 예수ㅣ부활ㅎ 기졀이라)

【신약】 요한복음 二十쟝 二十三졀
예수ㅣ 굴ㅇ샤디 늬 죄 던지 샤ㅎ면 샤ㅎ야 질거시오 늬 죄 던지 명ㅎ면 면 명ㅎ야 지리라 (딕ㅎ야 닐ㅇ심이야ㅇ라 / 시샤ㅎ야지고 고혹 반득 시샤ㅎ고 혹)

【신약】 마태복음 十八쟝 十八졀
예수ㅣ 굴ㅇ샤디 내가 젼실노 너희게 닐ㅇ노니 무어시 던지 따회셔 미면 하늘에셔도 밀거시오 무어시 던지 따회셔 풀면 하늘에셔도 풀니라 (진실노 관계가 즁대ㅎ / 진실노 진실노 두 말숨을 쓰시니라)

진교스쾌 五十五

【교회】 예수ㅣ 종도들의게 닐ㅇ신 바가 히샤ㅎ 치 못ㅎ거슬 (르쳐 말슴ㅎ심이니 대개 사람의 죄악이 마치 쟝을 쇠와 쇠스슬굿ㅎ야 그 령혼을 결박ㅎ나) 시고 쏘 죵도들이 셰샹에셔 결안ㅎ대로 당신이 뎐상이 리ㅎ시니라 이 권이여 멀니 사람의 의견에셔 지나는도다 그러나 가히 밋지 아니치 못ㅎ거시오 가히 치 아니치 못ㅎ리로다 예수ㅣ 쏘 뎐문열쇠로써 홀노 베드루ㅎ 사람의게 맛겨주신고로 베드루의 위를 닛는 교화황이 뎐문열쇠를 쥬교의게 맛겨주시고 쥬교는 신부의게 주시느니라

九十 혹 이글ㅇ디 예수ㅣ 일죽 교에 잇는 쟈로 ㅎ여곰 맛당이 신부 면젼에 가셔 무음 속에 은밀ㅎ 거슬 낫낫치 고명ㅎ라 말슴 아니ㅎ신고로 우리 예수교에셔눈 복종치 아니ㅎ고 지교스와 교민을 물론ㅎ고 다 샹뎨 압회 잇셔 공즁을 박라보고 도ㅎ며 공슌히 죳긔 죄를 알며 굿이 예수의 공겨율 의뢰ㅎ고 관샤ㅎ심을 구홀 줄을 아ㄴ니라 (쏘 八十八호에 보라)

디답ᄒᆞ디 셩경을 늘닌ᄂᆞᆫ 쟈ᄂᆞᆫ 맛당이 그 말구졀가온대 포함ᄒᆞᆫ 뜻과 문리ᄅᆞᆯ ᄌᆞ셰히 궁구ᄒᆞᆯ거시오 가히 경홀이 볼거시 아니오 셩경의 글ᄌᆞᄅᆞᆯ 보면 사룸의 령혼이해 톧닙을거시나 뜻을 셰다ᄅᆞ면 령혼이 살니라ᄒᆞ엿시니 큰의 리두 뜻초로 즁거ᄒᆞ노라

一은 예수ㅣ 종도ᄅᆞᆯ 뎡ᄒᆞ샤 사룸의 죄ᄅᆞᆯ 심찰ᄒᆞᄂᆞᆫ 판관을 삼으샤 가히샤 ᄒᆞᆯ만ᄒᆞᆫ 연후에 야 샤ᄒᆞ고 가히샤 치 못ᄒᆞᆯ거시 면샤ᄒᆞ지 말나ᄒᆞ시니 (혹 가히 풀거슨 풀고 가히 풀지 못ᄒᆞᆯ 거 손민라 뜻과 굿ᄒᆞᆫ거시라) 그러나 사룸의 죄가 ᄒᆞᆫ가지가 아니라 오직 경즁의 분슈도 잇고 다과 의 분별도 잇고 숨기고 드러난 연유도 잇고 눔을 상해ᄒᆞ고 즈긔ᄅᆞᆯ 해롭게ᄒᆞᆫ 폐단과 밋무수ᄒᆞᆫ 연유와 광경이 잇스니 죄인이 만일 판관 압희 낫낫치고 명치 아니면 엇더케 민고 엇더케 풀겟ᄂᆞ냐 ᄯᅩ 예수ᄭᅴ셔 사룸의 죄ᄅᆞᆯ 다 맛당이샤 ᄒᆞ라ᄒᆞ도 아니시고 도모지샤ᄒᆞ지 말나 아니시고 오직 글오샤ᄃᆡ 맛당이샤 ᄒᆞᆯ거슨 샤ᄒᆞ고 맛당이샤 치 못ᄒᆞᆯ거슨 민라ᄒᆞ셧시니 죄인이 만일 명빅히고 치 아니면 종도들이 엇더케 죄 안을 판결 ᄒᆞ겟ᄂᆞ뇨

二ᄂᆞᆫ 만일 슈목스의 망녕된 말대로 교스나 교우 가각 상뎨 압희셔 공즁을 바라 보고 죄 샤홈을 구ᄒᆞᆫ다ᄒᆞ면 예수의 거룩ᄒᆞᆫ 말솜이 서로어 그러짐을 면치 못ᄒᆞ리니 엇짐이뇨 대개

진교스패

五十六

여긔ᄂᆞᆫ 예수ㅣ 종도들의게 권을 주샤ᄒᆞ여 곰 사룸의 죄ᄅᆞᆯ 가히샤 ᄒᆞᆯ거슨 샤 치 못ᄒᆞᆯ거 손머므르라ᄒᆞ시고 뎌 긔 교우ᄅᆞᆯ 명ᄒᆞ야 각각 슈뎌 젼에 나아가 스스로 죄샤홈을 구ᄒᆞ라ᄒᆞᆷ파 일반이니 이엇지 크게 우수온 일이 아니냐 나ㅣ 싱각건대 예수의 젼능젼지ᄒᆞ신 뎐쥬의 말솜이 만만코 쳔착이 업숨을 황연이 알지라

九一 혹이 왈 나ㅣ 일죽 드ᄅᆞ니 목스들의 말이 셩경에 민고 푼다ᄒᆞᄂᆞᆫ 권은 다ᄅᆞᆫ거시 아니라 이에 밋고 다 못밋지 아닛ᄂᆞᆫ다 말이니 밋은즉 우ᄒᆞ로 오ᄅᆞ니 이ᄂᆞᆫ 그 사룸을 믿ᄂᆞᆫ거시오 만일 밋지 아닛즉 아래로 ᄯᅥ러지ᄂᆞ니 이ᄂᆞᆫ 그 사룸을 푸ᄂᆞᆫ거시오 리 이예 밋고 다 못밋지 이닛ᄂᆞᆫ다 말이니 밋은즉 우ᄒᆞ로 오ᄅᆞ니 이ᄂᆞᆫ 그 사룸을 푸ᄂᆞᆫ

딕답ᄒᆞ디 예수ㅣ 민고 푸ᄂᆞᆫ 권을 가지샤 종도들의게 주신거손 우 회복이 증거ᄒᆞ엿시니다 서 말ᄒᆞᆯ것 업거니와 밋고 다 못밋지 아니ᄒᆞᄂᆞᆫ 거슨 다 각 사룸의 죠쥬쟝에 잇ᄂᆞᆫ딕 만일 밋음 으로써 풀님을 삼고 밋지 아님으로써 민 짐을 삼으면 이ᄂᆞᆫ 곳 각 사룸이 제가 제 죄ᄅᆞᆯ 민고 각 사룸이 제 가데 죄ᄅᆞᆯ 푸ᄂᆞᆫ거시니 엇지 이런리 치잇스리오

九二 二 당초브터 교우들이 고히의 례ᄅᆞᆯ ᄒᆡᆼᄒᆞ나라

밋ᄂᆞᆫ 사룸들이

스도ᄒᆡᆼ젼 十九쟝十八졀 명셰ᄒᆞ고 우들이라 만히와 종도들압회고 희ᄒᆞ여옴이라

그 죄를 ᄌ복ᄒ고 ᄒᆡᆼᄒᆞᆫ일을고ᄒ며

[고백] 밋ᄂᆫ거슨ᄆᆞ음으로발ᄒᄂᆫ거시오ᄯᅩ아모곳에셔나아ᄆᆞᄶᅦ라도가히발ᄒᆞᆯ거시오

던츄ᄂᆫ무소부지ᄒ시고무소부지ᄒ시거ᄂᆞᆯ엇지ᄒ야처음교우들이임의다밋엇ᄂᆫ듸ᄯᅩ

하필종도안젼에가셔입의말노그죄를고ᄒ니이ᄂᆫ고히셩ᄉᆞᆯ라이러므로다만밋음으

로써죄가풀니고ᄯᅩ공즁을브라보고죄샤ᄒᆞᆷ울구ᄒ다ᄒᆞᄂᆫ말이셩경말슴과샹반되ᄂᆞ니

라

九三 三 종도들이예수의말슴대로가히샤치못ᄒᆯ죄ᄂᆫ샤치아니ᄒᄂᆫ권을ᄒᆡᆼᄒ시니

라

[신약] 고린도젼셔 五쟝一졀ᄭᅥᆨ 바울이ᄀᆞᆯ오ᄃᆡ너회즁에심지어음ᄒᆡᆼ이잇

다ᄒᆞᆷ을드ᄅ매이러ᄒᆞᆫ음ᄒᆡᆼ은이방인즁에라도업ᄂᆞ니

범치아니ᄒᆞ심이라 / 안이라도히여러ᄒ죄를 엇던사ᄅᆞᆷ이그게모들ᄎᆔᄒ엿도다

운 四五졀 오쥬예수의권능을의탁ᄒ야이러ᄒᆞᆫ사ᄅᆞᆷ은 (사ᄅᆞᆷ 음ᄒᆡᆼᄒ)

진교ᄉᆡ 五十七

사ᄅ의게내여주기로ᄒ엿시니이ᄂᆫ졍욕을멸ᄒ고 (가마음귀)

그신을 (령음ᄒᆡᆼᄒ쟈의 혼이라) 슈예수의날에 (날심판) 구원을

형ᄒ쟈의몸을 형벌ᄒᆞᆷ이라

엇게ᄒ랴ᄒᆞᆷ이라

[징험] 고린도셩에ᄒ교우가그후모로더브러샹관이잇스매악ᄒ표양이극즁ᄒ지라바오

로종도ᄂᆞᆯ드ᄅ시고심히노ᄒᆞ샤그사ᄅᆞᆷ의죄를샤ᄒ지아니실ᄲᅮᆫ아니라ᄯᅩᄒ교회밧그로

ᄶᅩ차내시고마귀게붓쳐ᄒ여곰그음ᄒᆡᆼᄒ사ᄅᆞᆷ의육신을고롭게ᄒ다가예수심판날에야

그령혼을구ᄒᆞᆷ이가ᄒᆞᆫ줄노판단ᄒ셧더니그사ᄅᆞᆷ이이엄ᄒᆞᆫ벌을밧은후에진실이긔파ᄌ

신ᄒᆞᆫ고로바오로ᄂᆞᆯ아직그죄를샤ᄒ셧시니청컨대이아래보라

[신약] 고린도후셔 二쟝七졀 바울이ᄀᆞᆯ오ᄃᆡ그런즉너회ᄂᆫ출ᄒᆞ리여를 (옴ᄒᆡᆼᄒ사ᄅᆞᆷ이라)

용셔ᄒ고위로ᄒᆞᆯ거시니데가너무만ᄒᆞᆫ근심에ᄲᅡ (그근십이지극ᄒᆞᆷ으로도ᄒᆞᆯ려되니너그러이용셔ᄒ라ᄒᆞᆷ심이라졀十)

질가두리노라 (념려되니너그러이용셔ᄒ라ᄒᆞᆷ심이라졀) 너회들이

무숨일이던지넉게샤ᄒᆞ야주면

라ᄒᆞ심이라 접ᄒᆞ 나도또ᄒᆞ그리ᄒᆞ고

가만일샤ᄒᆞ야준일이잇시면너회룰위ᄒᆞ야그리스도압

희셔샤ᄒᆞ야수엇ᄂᆞ니

만일렬교의말대로ᄒᆞ면이굿치음난ᄒᆞ악인이라도가히샹뎨압회셔공즁을바라보

고죄샤ᄒᆞᆷ을구ᄒᆞᆯ거시어ᄂᆞᆯ엇지ᄒᆞ야바오로종도ᅵ엄벌ᄒᆞ시고보속울뎡ᄒᆞ야주어ᄀᆡ과

ᄒᆞᆫ후에샤ᄒᆞ라이ᄂᆞᆫ예수의권을딕신ᄒᆞ야샤ᄒᆞᆷ이니라

九四 四 종도들이루초교우들을권ᄒᆞ야ᄀᆞ희의례룰힝케ᄒᆞ시니라

야고보ᄉᆞ도ᅵ굴ᄋᆞ딕너회들의죄룰셔로

진고ᄉᆞ몌

고ᄒᆞ고 야고보셕五쟝十六졀

도ᄒᆞ라 병이낫기룰위ᄒᆞ야서로긔

만일렬교의말대로죄인이샹뎨압회셔ᄆᆞᆷ으로ᄌᆞ복ᄒᆞ고죄샤ᄒᆞᆷ을구ᄒᆞᆷ이가ᄒᆞ양

이면ᄆᆞ옥속으로구ᄒᆞᆫ거시가ᄒᆞ거ᄂᆞᆯ엇지ᄒᆞ야맛당이서로고ᄒᆞ라ᄒᆞ엿ᄂᆞ며엇지ᄒᆞ야

서로딕신ᄒᆞ야긔도ᄒᆞ라ᄒᆞ엿ᄂᆞ뇨일노조차가히알지라목ᄉᆞ의망녕된말은종도의도리

와셩경의바른뜻으로더브러크게샹반되ᄂᆞᆫ도다고ᄒᆞ희셩ᄉᆞᄂᆞᆫ령셰ᄒᆞᆫ후범ᄒᆞᆫ죄룰샤ᄒᆞᄂᆞᆫ

어진방칙이니실노ᄀᆞ쟝요긴ᄒᆞ거ᄂᆞᆯ렬교에셔ᄂᆞᆫ온젼이ᄇᆞ리고힝치아니ᄒᆞ니실노슬픈

일이로다

九五 ◎ 셩례셩ᄉᆞ룰의론ᄒᆞᆷ이라

혹이글ᄋᆞ딕뎐슈교에셔ᄂᆞᆫ셩례셩ᄉᆞᅵ잇서ᄀᆞ쟝존귀ᄒᆞᆫ거신딕교우들이령ᄒᆞ기ᄂᆞᆫ참ᄋᆞ

로예수의몸을먹기룰위ᄒᆞᆷ이라ᄒᆞ니더욱덧덧ᄒᆞᆫ졍밧긔버셔나ᄂᆞᆫ지라고로슈목ᄉᆞ가황

단ᄒᆞ고불감ᄒᆞᆫ말이라ᄒᆞ야그결단코이런리치업ᄂᆞᆫ거손아직의론치아니코굿쎡과술노

五十八

흥여 곰과 연변흥야 춤 몸과 춤 피가 되면 곳 지각이 잇셔 그 살을 먹고 그 피룰 마실 쎄에 반드시 악흘 거시오 또 인샹식도 금슈에 갓가온 일이니 리치에 용납지 못흥려든 데 즈로셔 스승의 살을 먹으니 더옥 졍리 밧긔 버셔 나가는 일이니라 (량교합변칙에 잇는 말)

딕답흥딕 젼능 젼지흥신 예수ㅣ 힝흥 령젹이 다 덧덧흔 졍과 본셩 리치에 너머 가는 거시로딕 다 신약에 긔록흔 거슬 목스가 임의 다 밋눈다 흥면셔 엇지 감히 이러두시 졍신 업눈 말을 내눈뇨 (또 九十八호에 보라) 셩톄룰 비록 사룸이 공경흥야 먹어도 샹흠과 압령흔 량식이니 사룸이 가히 령치 아니치 못흥느니라 뎌 조로써 스승의 혈육을 길너 살게 흥눈 신흠을 능히 밧지 못흥심은 예수의 젼능으로 그러흥시고 또 셩톄눈 령흔을 길너 흥눈 쟈눈 조식ㅇ로셔 그 모친의 혈육을 일뎡 먹엇시리니 그러나ㅣ 그 졍리에 버셔 나눈 일을 흥엿다고 희망치 안코 오히려 런리와 인리에 합흥눈 일을 흥엿다 흥노라

요안복음 六장 二十七졀노브터 五十一졀석지 즈셰히 보건대 예수ㅣ 만흔 사룸을 권흥시딕 굿흥야 가히 썩어질 량식을 구흘 거시 아니라 오직 흥샹 싱활흥고 영영 써지 아니흥눈 량식을 맛당이 구흥라 흥시니 이눈 당신 몸을 フ루쳐 말슴흥심이라 엿흔 딕로 말미암아 깁흔 딕로 나아가며 졈졈 셩톄의 오묘흔 도리룰 나타내시딕 만흔 사룸이 듯고도 오히려셔 듯지 못흥눈 고로 이에 명빅히 바오로ㅣ 말슴흥시딕 당신 살과 피룰 사룸의게 주어 먹고 마시게 흥리라 흥시나 사룸이 리치로써 복이 알아 듯지 못흥고로 마춤내 당신 권능으로써 복종케 흥시니라

진고소왜

五十九

九六

一 예수ㅣ 셩톄 도리룰 명빅히 フ루치시니라

요한복음 六장 五十一졀

예수ㅣ 굴ㅇ샤딕 나눈 하눌노 ㄴ린 성명의 량식이니 식을 먹은즉 영원이 살니라 (명혼의 영원호 성을 엇음이니라) 내가 줄 량식은 곳 나의 살이니 셰샹의 성명을 위흥야 주눈 거시로라

읙 으리라라
흥심이라라

쥬의말솜을이다듯고
서로의말론홈을이다듯
이러므로유대사롬의셔로다토아굴ㅇ디
유대사롬들이아오사
이사롬이엇지능히ㅈ긔의살을우리의게주
어먹게흥겟ㄴ냐흥니

예수ㅣ닐ㅇ시디내가진실노너희게
닐ㅇ누니
인ㅈ의살을먹지아니흥고인ㅈ의피롤마시지
아니흥면너희속에셩명이업ㄴ니라

내살을먹고내피롤마시눈쟈ㅣ영원이삶이잇고
나의살은진긔
내가다시살게흥터이니

진실노진실
먹을거시오나의피눈전긔마실거시라나의살을먹

六十

一

진고스때

고나의피롤마시눈사롬은

내안회거흥고나도그안회거흥ㄴ니

셩존흥신부꺼셔나롤버시매나도부로

나롤먹눈사롬도

흥야사노니

이와굿치날

나롤먹눈사롬의
이와굿치날

령혼의가지신성호눈고로또흥
혼을의가지신셩호눈고로

량식이니
너희
들의조상이먹어도죽은것과굿지안코
광야에셕련쥬ㅣ눅리신바만나바나량식을먹엇시디못춤내육신의죽음을면치

이 량식을 먹눈 쟈눈 영원이 살 나라 ᄒ시니 이량식은 일명 ᄒ

병으로써 변호 샤량식으로 되게 홀 신거시 아니오 직 예수로 알아 오직 예수를 지니라면 예ᄌ들이

이예ᄌ들은 십이예ᄌ들이 아니라

죠ᄒ가 아니니라 듯고 여러히 말ᄒ디 이 말이 어려오니뉘 가능

히 춤아 듯겟ᄂ냐 운 운 바른말이 에커 로 듯기 어려오나 그 예수의 살을 먹고

눈쟈눈 신이시니 육신은 무익ᄒ니 운 운 고마 가치 히닐 마 ᄒ야 주시

아신이 오 또 셩명이나 운 로 가보 六十 일 노써 예들이

지도 쥬형샹안회 쵸여여 잇ᄉ니나 문도즁에 만흔이가 비록 귀에거 스러 드러 ᄯ로 고져 아니ᄒ

디 예수ㅣ 말슴을 다시 곳치지 아니시고 다시 풀어 말슴ᄒ지 아니시며 ᄯ나 가 눈 문도들을

만류치 아니심을 보건대 셩데의 실샹된 도리 가 조곰도 의심이 업ᄂ니라

러온거시도 모지업스시니나라문도즁에 만흔이가 비록 귀에거 스러 드러 ᄯ로 고져 아니ᄒ

九七 二 예수ㅣ 슈난 젼날 져녁에 종도들 압희 셔 셩데와 밋 미사 져례를 쥰뎡 ᄒ시니라

음식을 먹을 때에 예수ㅣ 떡을 가지샤 츅샤 눈 츅셩 ᄒ다 말이 니예수ㅣ 젼능으로 써 면병을 변호 샤당신

츅샤 ᄒ시고 쪄 ㄱ여 뎨ᄌ들을 주시며 ㄱ오샤ᄃ

밧아 먹 으라이 가내 몸이 라 ᄒ시고 아이가 아니오 몸을 ㄱ르침이

눈물이 되게 ᄒ심이라이러므로 츅셩 호 후 면병의 테 가온젼이 업서 젓ᄂ 니라

다에 셕 눈그릇살아드러먹 의 형샹 만 남아 잇ᄂ 눈거슬 성각지 아니ᄂ 뇨마 치니ᄅ

빈고소재

六十一

마태복음 二十六쟝 二十六졀

六十三졀 셩활게

六十六졀 일 노써 예들이

또 잔을 가지샤 흥시고 뎌들의게 주시며 굴ㅇ샤디 너회들 여다 이거슬 마시라 이는 신약 흥눈 나의 피니

루가복음 二十二쟝 十九졀

예수ㅣ 또 떡을 취흥야 츅샤 흥시고 쩌긔여 주시며 굴ㅇ샤디 이가 나의 몸이니 너 회룰 위흥야 준거시니 너회눈 롤 위흥야 흘니눈 거시라 이룸 미사셩계롤 흥흥야 나룰 긔념흥라 흥시고

신후에 잔을 가지샤 굴ㅇ샤디 이잔은 나의 피로 셰운 신약이니 곳 너회롤 위흥야 흘니눈 거시라 롤 긔념흥라 흥시고

또 이와 굿치 흥샤 굴ㅇ샤디

六十二

九八 혹이 굴ㅇ디 셩경 말솜을 안험흥건대 쩍과 술이 변흥야 능히 예수의 셩톄와 셩혈이 됨은 긔 묘흥 일이라 나ㅣ 실노 붉이 셔 듯지 못흥 노라

딕 답흥딕 쳥컨대 요왕복음 二쟝 七졀을 보라 예수ㅣ 물을 변흥야 술이 되게 흥시고 또 六쟝 五졀에 다 슷쩍과 두 물고 기로 오쳔여 명을 빅불니 셧시니 너ㅣ 반드시 글으딕 이눈 다 셩젹 이오 쏘 셩경에 실닌 고로 나ㅣ 감히 밋지 아니 치 못흥 노라 흐리나 나ㅣ 이제 너 드러 뭇노니 엇더케 물이 술이 되고 엇더케 다 슷쩍과 두 물고 기로 수쳔명을 빅불닌 후에 도 남은 거시 열 두 광쥬리 가 되며 쏘 다른 모든 령젹이 엇더케 되엿 눈뇨 흥면 너ㅣ 쏘 반드시 글으딕 이눈디 예수의 젼능으로 되엿다 흥리나 나도 네게 딕 답흥 기룰 쩍을 변흥야 살이 되게 흥

고술을변호야피가되게홈도또호예수의젼능으로호신바ㅣ라호리라엇지더거손밋고

이거손밋지아니호느뇨홈믈며셩톄의무궁히오묘호도리눈곳텬쥬의젼능젼지젼션의

극진홈에믜인거시니더옥맛당이독실히밋고가히의심치못홀지니라

九九三 미사셩졔ᄂᆞᆫ보텬하에날마다힝ᄒᆞᄂᆞ니라 (말라키아ᄒᆞ샤 一쟝十一졀)

[구약] 만유의쥬여호와ㅣᄀᆞᆯᄋᆞ샤ᄃᆡ히ᄃᆞᆺᄂᆞᆫᄃᆡ로 (동셕남이라 북이라)

브터ᄒᆡ지ᄂᆞᆫ곳ᄭᆞ지모든나라사ᄅᆞᆷ이 (만하 만련) 내일홈을

쟝ᄎᆞᆺ놉힐거시오곳마다향을픠우고졍결ᄒᆞᆫ졔폼을밧들 (졍결ᄒᆞᆫ계폼은)

어드릴거시니 (졍결ᄒᆞᆫ신오쥬외셩톄와졕혈이국지극히) 내일홈이모든

나라사ᄅᆞᆷ의반ᄃᆞ시놉히ᄂᆞᆫ바ㅣ됨이니라 (만국교민이며쥬외셩명을홈슝홈이ᄂᆞ니라)

百四 당초브터죵도들이미사졔례ᄅᆞᆯ힝ᄒᆞ시ᄂᆞ니라

[신약] 고린도젼셔 十쟝十六졀 바울이ᄀᆞᆯᄋᆞᄃᆡ우리들이츅샤ᄒᆞᄂᆞᆫ바츅샤

六十三

진교ᄉᆞ패

[신약] 흥신잔은 (우희츅샤ᄂᆞᆫ거양셩톄ᄒᆞ거젼과후에와오ᄂᆞᆫ경문이 오아래츅샤ᄂᆞᆫ셩톄와셩혈을일우ᄂᆞᆫ경문이니라) 그리스도

의피를ᄒᆞᆫ가지로참예홈이아니며 (잔은회술이변ᄒᆞ야예수의피가되엿기에그리스도의피) 그리스도

의피를ᄒᆞᆫ가지로참예홈이아니며 우리들이ᄶᆞ긔ᄂᆞᆫ떡

은 (츅셩고에셔눈이떡조룰으로아ᄂᆞ니라드러 도춤떡으로아ᄂᆞ니라) 우리들의육톄롤ᄒᆞᆫ가지

로참예홈이아니냐 (떡울츅쳥호후에눈 일츅쳥호후에) 그리스도의육톄롤ᄒᆞᆫ가지

百一五 사ᄅᆞᆷ이죄가잇스디고희ᄒᆞ지아니ᄒᆞ고령셩톄ᄒᆞ면모령셩톄ᄒᆞᆫ대죄를범ᄒᆞ

ᄂᆞ니라

[신약] 고린도젼셔 一쟝二十七졀 바울이ᄀᆞᆯᄋᆞᄃᆡ그런고로누구던지쥬의

떡이나잔을 (셕양롱쇽이떡과술두가지로쎠육신의일용량식을삼눈고 로밧로종도ㅣ그ᄢᅢ롱쇽울ᄯᅡ라셩톄와셩혈을닐ᄏᆞ라쥬의)

떡이라 쥬의 잔이라 ᄒᆞ심이니 대개 본리 떡과 슐이라 말이오 또ᄒᆞ 령혼을 기르ᄂᆞᆫ 떡과 슐이라 말이오 또 떡이과 슐온 실노 셕변ᄒᆞ야 된쟈ㅣ라 말이오 또 떡이과 슐온 실노 령혼을 양육ᄒᆞᄂᆞ오

합당치 안케 먹ᄂᆞᆫ 쟈ᄂᆞᆫ 쥬의 례와 혈을 범ᄒᆞᄂᆞᆫ 죄가 잇ᄂᆞ니라

사름이 스스로 슐피고 그 후에야 이 떡을 먹고 이 잔을 마실지니

쥬의 례롤 분변치 못ᄒᆞ고 롤 먹고 마시ᄂᆞᆫ 거시니라 어런고로 너회 즁에 약ᄒᆞ쟈와 병든쟈ㅣ 만코 자는 쟈도 젹지 아니ᄒᆞ니

우리들이 스스로 슐펏시면 심판을 밧지 아니ᄒᆞ려니와

진교스때

六十四

百二 혹이 골ᄋᆞ딕 예수ㅣ 떡과 슐을 가지샤 써 당신 몸과 피롤 일우어 셧시매 쳐음 교우들이 쏘ᄒᆞᆫ 겸ᄒᆞ야 령ᄒᆞ더니 이졔 뎐쥬교에셔ᄂᆞᆫ 도로 혁 겸ᄒᆞ야 령ᄒᆞ기롤 쥰허 치 아니ᄒᆞᆷ은 엇짐이

노 디답ᄒᆞ딕 예수ㅣ 면병과 포도쥬롤 가지샤 축셩ᄒᆞ야 셩혈을 일우어써 미사 셩 제례롤 뎡ᄒᆞ시고 죵도들을 명ᄒᆞ샤 쏘ᄒᆞᆫ 이 두가지롤 써 뎐쥬찌 제헌ᄒᆞ라 ᄒᆞ신고로 그ᄯᅢ 브터 뎐쥬교에셔 날마다 미사롤 힝ᄒᆞᆯ쎄에 두가지롤 겸ᄒᆞ야 쓰ᄂᆞ니 셩경으로 더브러 합지 아님

이무어시 잇스리오 두가지 즁ᄒᆞ나히라도 빠지거나 혹 터신으로 다른 물건을 쓰면 셩례롤 일우지 못ᄒᆞ고 쏘 셩교회에셔 엄금ᄒᆞ시ᄂᆞ니라 교우들의 론컨대 령혼의 량식을 위ᄒᆞ야 흔가지만 령ᄒᆞ여 도죡ᄒᆞ니 굿ᄒᆞ야 두가지롤 다령ᄒᆞᆯ거시 아니니라 이에 신약으로써 증거

ᄒᆞ노라

[신약] 요한복음 六쟝 五十一졀 예수ㅣ ᄀᆞᄅᆞ샤딕 나ᄂᆞᆫ 하ᄂᆞᆯ노 ᄂᆞ린 셩명의 량식이니 이 량식을 먹은즉 영원이 살니

라 (五十四졀) 이 가하놀 노ᄂ린 량식 이니 너희들의 조샹이 먹어

도죽은것과 굿지 안코 이 량식을 먹ᄂ쟈ᄂ [또호 가지만령홈을 두록 치심이니라]

영원이 살니라

[신약] 우리 신약 일쟝을 안찰ᄒ건대 령셩뎨ᄒᄂ 교우들이 면형혼가지로 만령셩뎨ᄒ여도

죡히 능히 샹싱을 엇ᄂ니라 또 면형속파쥬형속을의론치말고 각각다 오쥬의 젼뎨와젼혈

이베신고로예수ㅣ 골ᄋ샤 딕니ㅣ 만일 인ᄌ의 살을 먹지아니ᄒ거나 혹인ᄌ의 피룰마시

지아니ᄒ면 샹싱을 엇지 못ᄒ리라 ᄒ심이이 ᄐ널ᄋ심이니라

百二 처음교우들을의론컨대 혹면형으로나 혹쥬형으로 겸ᄒ야령셩

뎨혼쟈ㅣ 잇서 각각 슈편ᄒ야령ᄒ더니 즉금은 셩교회예셔 면형파 쥬형으로 겸ᄒ야령셩

뎨ᄒ기룰엄금ᄒ시고 오직 면형혼 가지로 만령ᄒ게ᄒ심이 반드시 만흔 연고ㅣ 잇스니이

에 그 흔 두가지룰드 노라셩뎨ᄂ 주 피밧기 가다쉬 오디 셩혈은그러치아니ᄒ야 비록 조심

흘지라도 옷시나혹싸 회흐르 기쉬 오며 셩뎨ᄂ봉안ᄒ야 보존ᄒ기쉬오디 셩혈은극히어

려오며 또 포도쥬ᄂ엇기 극난ᄒ터 밀ᄭ다로 ᄂ 도쳐에 엇기쉬옴이니라

◎ 죵부셩ᄉ룰의 론홈이라

렬교에셔 말ᄒ기룰 죵부ᄂ 예수의 쳔히 뎡ᄒ신 셩ᄉㅣ 아니라 ᄒ야 일졀 ᄇᆞ리고 듯지못ᄒ

것ᄀᆞᆺ치 녁이ᄂ고로나ㅣ 부득불이 셩ᄉ의 도리룰 신약으로써 증거ᄒ노라

百四 一 죵도들이 예수의 명령으로 젼교ᄒᆯ때에 죵부의 례룰 힝ᄒ시니라

[신약] 마가복음 六쟝 十二졀

예ᄌ들이 죵도 십이 나가 맛당이 회기ᄒᆯ거슬 젼[파]ᄒ고 [죵부 유 발나]

파ᄒ고 여러샤귀룰 쏫차 내며 병인을 기름으로

낫게ᄒ더라 [병쟈의 영혼과 육신의 곤궁 과 고로옴을 경케 홈이라]

百五 二 야고버죵도ㅣ 흥샹 교즁에 병든쟈룰 권ᄒ샤 맛당이 죵부룰 밧게ᄒ시니라

신약 애고보셔 五쟝 十四졀
너회 중에 병든 쟈ㅣ 잇ㄴ냐 뎨가 교회의 쟝로를 쳥ㅎ야 쥬의 일홈으로 기름을 바ㄹ며 위ㅎ야 긔도ㅎ게 ㅎ라 밋음으로 ㅎ는 긔도눈 병든 쟈를 구원ㅎ리니 쥬끼셔 니ㄹ켜 낫게 ㅎ실 거시오 더ㅣ 죄를 범ㅎ엿실지라도 샤ㅎ심을 엇으리라

지졀 우희 신약 두 쟝의 말이 진실노 죵부셩스를 구르쳔 거시 아니면 다른 ㅅ졍으로 풀 수 업ㄴ니라 다른 죵도들이 임의 힝ㅎ시고 야고버 죵도도 ㅎ샹권ㅎ셧시니 예수ㅣ 반득시 몬져 ㅎ심이 의심이 업거ㄴ 쥬럴교에셔ㄴ 죵리 셩경울 준힝치 아님은 엇짐이뇨

○ 신품셩ㅅ를 의론홈이라

百六

一 예수ㅣ 천히 죵도들올 신품에 올녀 쥬교를 삼으시니라

신약 외한복음 二十쟝 二十一졀
예수ㅣ 또 ㅇ샤ㅣ 너회눈 평안ㅎ올지어 다 부끼셔 나를 보내신 것ㅊ치 나도 또 너회를 보내노라 말솜을 ㅎ시고 뎌돌을 향ㅎ샤 긔운을 불며 굴ㅇ샤디 너회눈 셩신을 밧으라 뉘 죄 던지 샤ㅎ면 샤ㅎ야 실 거시오 뉘 죄 던지 뎡ㅎ면 뎡ㅎ야 지리라

지졀 예수ㅣ 죵도들을 향ㅎ아 긔운을 부심은 곳 셩신의 춍우를 붓쳐 주샤 ㅎ여곰 셩스를 잘 힝케 ㅎ시며 셩교회를 잘 다스리게 ㅎ시며 셰샹에셔 죄를 샤ㅎ고 혹샤치 아니ㅎ눈 거손도 모지 죵도들노 말미암아 결단케 ㅎ셧시니 곳 쥬교의 위뎡ㅎ엿ㄴ니라

百七

二 예수ㅣ 천히 칠십이위 뎨ㅈ를 품에 올녀 신부를 삼으시니라

【신약】 루가복음 十쟝 一졀

이 후에 쥬ㅣ 또 흔 별노 히 칠십인을 세우시고 두 사름식 두 사름식 압호로 보내실시 (예수ㅣ눈 예슈라눈 쇄워 신픔의 반렬을 삼아 다려 림으로 ᄃᆡ브러·분별케 ᄒᆞ심이라 운 운 내심고 ᄒᆞ려 보내심이라)

졀十六
예수ㅣ ᄀᆞᆯᄋᆞ샤ᄃᆡ 네회들의 말을 듯눈 사름은 곳 내 말을 듯눈 사름이오 너회들을 거스리눈 사름은 곳 나룰 거스리눈 사름이오 나룰 거스리눈 사름은 곳 나룰 보내신 이룰 거스리눈 사름이니라 ᄒᆞ시더라 (성뎐부쥬 젼고ᄒᆞ고도 라음이라)

졀十七
칠십인이 깃버 도라와 ᄀᆞᆯᄋᆞᄃᆡ 쥬여 네 일홈으로 샤귀도 우리의게 항복ᄒᆞ더이다

【젼회】
가히 보건ᄃᆡ 더 칠십인이 신픔의 신령흔 권을 밧앗기에 능히 샤마룰 몰아 쏫고 신픔의 직분이 잇기에 다룬 모든 교우들이 반드시 맛당이 뎡명ᄒᆞ기룰 던슈씨 뎡명홈 굿치 ᄒᆞ엿시니 곳 신부의 위뎡ᄒᆞ엿느니라

진교소패

六十七

百八
三 신부눈 반드시 쥬교로 말미암아 승픔ᄒᆞ느니라 (되셕 쟝一졀)
내가 너룰 그레데에 둔 거슨 다 룸이 아니라 완젼치 못흔 일을 기졍ᄒᆞ고 나의 명대로 각 셩에 쟝로룰 세우게 홈이니 (밧로 죵도의게 ᄒᆞ신 말솜이라 뎌도의게도ㅣ고예즈 사름을 간릭ᄒᆞ야신 부픔에 올 님이라)

【직회】
바오로 죵도ㅣ 임의 그 뎨즈 듸도룰 픔에 올녀 그레데 쥬교룰 삼아 써 그 결흔 바 모든 ᄉ무룰 다 스리며 바로 잡게 ᄒᆞ시고 쏘명ᄒᆞ샤 어진 사름을 간선ᄒᆞ야 신픔에 올녀 각읍닉에 쟝로룰 삼게 ᄒᆞ셧시니 쟝로눈 곳 신부ㅣ니라 (픔은 신악에 괴록ᄒᆞ야 잇느니라)

百九
四 쥬교와 신부와 밋부졔세 큰 픔은 신악에 긔록ᄒᆞ야 잇느니라

【신약】 딋도젼셕 쟝一졀
믿브다 이 말이여 사름이 감독의 직분을 엇으려 ᄒᆞ면 (쥬교라 감독은 쥬교의 직분을 쇼모ᄒᆞ눈이눈) 아름다온 일을 스모흔다 ᄒᆞ니 (쇼모ᄒᆞ야신 부픔계라) 이 굿치 집스들은 도의 당히 단졍ᄒᆞ고 실 노 도 흔 일을 원 (三 데젼셕 졀八 라 부졔 흔다 ᄒᆞᆫ심이라)

쟝로를셰우게홈이니 [운]

百十 [쥬건] 우희신약졔편을안험ᄒ야샹고ᄒ건대뎐쥬교에ᄂ부졔픔위가잇ᄉ니곳집ᄉ의위ᄅᆞ니음이오신부픔위가잇ᄉ니곳쟝로의위ᄅᆞ니음이오쥬교픔위가잇ᄉ니곳종도의위ᄅᆞ밧아니음이오ᄯᅩ로마교회황이계시니곳모든종도의어룬이신베드루의위ᄅᆞ니으샤보런하쥬교신부와밋교즁만ᄋᆞᆯ롱솔ᄒ야다스리ᄂᆞᆫ셩교회의웃듬이시니라

百十一 [역파] 우희신약졔편을안찰ᄒ야렬교회ᄅᆞᆯ사회ᄒ건대그교의목ᄉᄂᆞᆫ신픔의위와권을도모지밧지못ᄒ엿시니신부도아니오더고나쥬교도아니니온젼이쇽인이오범인이라그런고로칠셩ᄉ즁에다만셩셰혼가지나목ᄉ가만일뎐쥬교의규구와의향율ᄯᅦ라사름의게셰ᄅᆞᆯ붓치면셰가되려니와그남아여ᄉᆺ셩ᄉᄂᆞᆫ도모지능히힝치못ᄒ고일우지못ᄒᄂᆞ니마치령셰아니ᄒ쟈ㅣ다론셩ᄉᄅᆞᆯ도모지밧지못홈ᄀᆞ치신픔을밧지아니ᄒ쟈ᄂᆞᆫ다론셩ᄉᄅᆞᆯ도모지일우지못ᄒᄂᆞ니라셩ᄉᄅᆞᆯ힝ᄒᄂᆞᆫ권외에신픔에다론모든권도다교회황씌밧ᄂᆞ니그러므로렬교목ᄉ들은이런모든신권이아조업ᄂᆞ니라

百十二 [⊙] 혼빙셩ᄉᄅᆞᆯ의론홈이라

[셩쇼] 히브리셕 三쟝 十四졀 바울애글ᄋᆞ디혼인을귀히녁이고침ᄉᄅᆞᆯ더러이지말나 [운]

[젹평] 셩교즁인의혼빙가외교인의혼빙로더브러분별되ᄂᆞᆫ바ᄂᆞᆫ오직셩ᄉ가될ᄯᅳ롬이니그런고로글ᄋᆞ디혼빙ᄅᆞᆯ귀즁히녁이고더러이지말나ᄒ시니라혼빙가만일겸ᄒ야셩ᄉㅣ아니면외인의혼빙로더브러다롬이업스리니널은바귀즁ᄒ다ᄒ거ᄉ무어슬귀즁히녁이리오

[신약] 에베소五쟝 三十一졀 바울이글ᄋᆞ디이러므로사름이부모ᄅᆞᆯ떠나그안히와합ᄒ야그두사름이혼몸이되ᄂᆞ니이오묘ᄒ거시크도다 [뎐쥬ㅣ혼빙ᄅᆞᆯ셰우신뜻과밋혼빙셩ᄉ의오묘홈이실노크고진다ᄒ심이라] 내가그리스도

와 밋 교회를 그릇쳐 말ᄒᆞ노라

[저회] 혼빙셩스로인ᄒᆞ야부부두사름이죵신토록서로갈니지못ᄒᆞᆷ은오쥬예수ㅣ셩교회로더브러결합ᄒᆞ야셰계궁진토록ᄯᅥ나지아니심을그ᄅᆞ치고ᄯᅩ뎐쥬ㅣ션인으로더브러결합ᄒᆞᆷ을표ᄒᆞᄂᆞ니뭇부즁에ᄒᆞ나히죽으면그믿진거시풀니딘쥬예수ㅣ싱스간에교회로더부러ᄯᅥ나지아니샤산죽그션힝ᄒᆞ기를도으시고죽우즉잇그러승텬향복게ᄒᆞ시니실노영원ᄒᆞᆫ결합이로다그런고로예수강싱후오빅년ᄯᆡ셩인이오스딩이글으ᄃᆡ우리교즁에혼빙ᄂᆞᆫ즛녀ㅣ만ᄒᆞᆷ으로써귀ᄒᆞ지안코오직셩스의셩춍이만ᄒᆞᆷ으로써귀ᄒᆞ다ᄒᆞ시니라

⊙ 동졍직 힘을의 론홈이라

百十三 [진교ᄉᆞ매] 혹이ᄀᆞᆯ오ᄃᆡ남ᄌᆞᄂᆞᆫ나매안히ᄉᆞᆺ기를원ᄒᆞ고녀ᄌᆞ도나셔쟝부두기를원ᄒᆞᆷ은진 六十九 뎐쥬교교ᄉᆞᄂᆞᆫ도로혀ᄒᆞᆫ일이어ᄂᆞᆯ녀희뎐쥬교셩노말ᄒᆞ수업교ᄯᅩ일노조차만ᄒᆞᆫ폐단이되ᄂᆞ니실노부모의ᄒᆞ고져ᄒᆞᄂᆞᆫ바ㅣ오ᄯᅩ고금턴하에ᄀᆞᆺᄒᆞᆫ죵신토록혼취아니ᄒᆞᄂᆞᆫ법률을직희니실노말ᄒᆞ우리예수교목ᄉᆞ들과ᄀᆞᆺ치다혼취ᄒᆞᄂᆞᆫ편혼법을직희고ᄯᅩ뎐쥬ㅣ혼빙롤셰우신쳐음ᄉᆞᆺ을준힝홈만ᄀᆞᆺ지못ᄒᆞ나라

ᄃᆡ답ᄒᆞᄃᆡ나ㅣ그ᄃᆡ로더브러동졍ᄉᆞ졍을변론ᄒᆞ매반ᄃᆞ시셩경으로써즁거를삼ᄂᆞᆯ거시오가히외교인의글과상뒨속담으로써혼잡지못ᄒᆞᆯ지라너ㅣ임의예수의교롤준힝ᄒᆞᆫ다ᄒᆞ니반ᄃᆞ시예수의뎡ᄒᆞᆫ신교법과교훈을ᄯᅥ롤거시오ᄯᅩ동졍직희ᄂᆞᆫ일은녀희신약에도소연이실녓시나ㅣ이졔그멋ᄎᆞᆾ츨드노라

百十四 [신약] 마태복음 十쟝 九졀 예수ㅣᄀᆞᆯ오ᄉᆞ샤더안히롤ᄇᆞ리고ᄯᅩ린녀인의게쟝가드ᄂᆞ쟈도ᄯᅩᄒᆞᆫ간음을ᄒᆡᆼᄒᆞᆷ이니린ᄃᆡ쟝가드ᄂᆞ쟈도간음을ᄒᆡᆼᄒᆞᆷ이오ᄇᆞ린녀인의게쟝가을힝홈이니라예ᄌᆞ들이ᄀᆞᆯ오ᄃᆡ만일사름이안히의게이ᄀᆞᆺᄒᆞᆯ진ᄃᆡ [에가아니ᄂᆞᆯ오ᄃᆡ부부ㅣ셩존홀ᄯᅢ에둘즘모도능히지ᄎᆔᄒᆞ고기가ᄒᆞ지못]

진교ᄉᆞ쾌

혼비ᄉᆞ정이이ᄀᆞᆺ 치국난ᄒᆞ다홈이라

렬진대출하러날ᄌᆞ눈쟝가들지말고녀ᄌᆞ눈싀집가지말아쎠동졍을직희노거시편타ᄒᆞ이라

혼취ᄒᆞ지아니ᄒᆞ눈거시됴ᄒᆞ니라 예수ㅣᄀᆞᆯ오샤ᄃᆡ사ᄅᆞᆷ

마다이말ᄃᆡ로ᄒᆡᆼ치못ᄒᆞ되

직픔부ᄒᆞᆫ쟈ㅣ라야ᄒᆞᆯ지니라

대개모ᄐᆡ로브터고쟈된이도잇고

사ᄅᆞᆷ이져은고쟈도잇고

텬국을위ᄒᆞ야스스로고쟈된쟈도잇노다

을로텬국을위ᄒᆞ야 밧을만ᄒᆞ쟈는밧을지어다

七十 一

가히보건대슈졍ᄒᆞᆫ덕을예수ㅣ깁히찬미ᄒᆞ셧도다동졍을직희눈일은본셩에ᄯᅱ

여나눈일이라직희기어려오나그러나ᄯᅳᆺ을밍셰ᄒᆞ고직희기룰원ᄒᆞ눈쟈ㅣ텬슈씨군구

ᄒᆞ면일뎡도아주시ᄂᆞ니오직텬슈셩교회안희그런사ᄅᆞᆷ이잇ᄂᆞ니라

[신야] 百十五 二동졍이혼빅에셔만빅나쵸월ㅇ니라 七쟝一졀 고린도젼셕

의론컨대 바울이ᄀᆞᆯㅇ딕녀회들이내게편지ᄒᆞᆫ말을

녀인을압근이아니홈이됴키눈ᄒᆞ나 남ᄌᆞ가

오직음ᄒᆡᆼ을피ᄒᆞᆫ기위ᄒᆞ야이만흠으로

남ᄌᆞ마다ᄌᆞ긔안희룰두고녀ᄌᆞ마다ᄯᅩᄒᆞᆫᄌᆞ긔쟝부룰두

라ᄒᆞ노니

능텬히쥬고니에부부ㅣ회로ᄒᆞ고기가ᄒᆞ지못홈을둘줍에아모도 결ᄂᆞᆫ 내가사ᄅᆞᆷ이다나와기

기룰 원ᄒᆞ노라 〔우들이 다 능히 슈졍ᄒᆞ지 못ᄒᆞᆯ 줄 알으시ᄂᆞᆫ 고로 너어ᄀᆞᆯ 오샤ᄃᆡ 당신과 굿치 슈졍ᄒᆞ셧심을 가히 볼지 원ᄒᆞ너라 그러나 밧만 혼죵고도 슈졍ᄒᆞ온 혜가 각각 이ᄂᆞᆫ 굿지 아닌고로 엇던이 슈졍ᄒᆞ지 못ᄒᆞᆫ다이〕

그러ᄒᆞ되 사ᄅᆞᆷ이 상ᄃᆡᄭᅵ 은혜룰 밧은 거시 각각 다ᄅᆞ ᅵ

그런고로 ᄌᆞ긔 동졍녀식을 출가식이ᄂᆞᆫ ᄌᆞ도 잘 ᄒᆞ거니와 출가식이지 아니ᄒᆞᄂᆞᆫ ᄌᆞ가 더 잘ᄒᆞᄂᆞᆫ 거시니라 〔八三十졀〕

니 내의 견ᄃᆡ로 의론홀 진ᄃᆡ … 취아니ᄒᆞ라 ᄒᆞ노라 ᄒᆞ심이라

百四十六 三 교ᄉᆞ가 되고 져 ᄒᆞᄂᆞᆫ ᄌᆞ와 오릇이 젼도ᄒᆞ기룰 원ᄒᆞᄂᆞᆫ ᄌᆞᄂᆞᆫ 예수ᅵ 득별이 명ᄒᆞ샤 슈졍ᄒᆞ라 ᄒᆞ시니라

【경】 루가복음 十二쟝 三十五졀
예수ᅵ 그 문도 ᄃᆞ려 닐ᄋᆞ샤ᄃᆡ 허리에 ᄯᅴ룬 ᄯᅴ고 등불을 혀고 잇서 〔운 운〕

【론】 예수ᅵ 종도룰 명ᄒᆞ샤 각각 ᄯᅴ로써 허리룰 묵그라 ᄒᆞ셧시니 ᄯᅴᄂᆞᆫ 셕을 ᅵᆫ허 ᄇᆞ리ᄂᆞᆫ 허원이오 허리룰 묵금은 그 허원으로써 졍욕을 금지흠이라 이ᄂᆞᆫ 곳 혼취아니ᄒᆞᄂᆞᆫ 법률을 ᄀᆞ르침이오 등불을 혀라 ᄒᆞ셧시니 등불은 졍도의 빗치라 종도룰 명ᄒᆞᄉᆞ 일심으로 젼교ᄒᆞ야 졍도로써 만민을 빗최라 ᄒᆞ심이니라 그러ᄆᆞ로 종도들이 다 예수의 명을 조차 쳐 ᄌᆞ룰 ᄯᅥ나고 셰무룰 ᄇᆞ려써 예수룰 조차 젼교ᄒᆞ엿시니 쳥컨대 보라

【신약】 마태복음 十九쟝 二十七졀
베드루ᅵ 예수ᄭᅴ 답ᄒᆞ야 ᄀᆞ오ᄃᆡ 우리 들이 모든 거슬 다 ᄇᆞ리고 쥬룰 조차 오니 우리 둥이 무어슬 엇ᄋᆞ리잇가 〔조셰히 보라〕

예수ᅵ ᄀᆞ샤ᄃᆡ 내가 실노 너회ᄭᅴ 닐ᄋᆞ노니 나룰 좃ᄂᆞᆫ 너희들은 인ᄌᆞ가 즁흥ᄒᆞ야 〔부활은 즁흥은 영화로〕 온 보좌에 안질 때에 너회도 열두 보좌에 안자 이스라엘 십 …

이 지파롤 심판ᄒ리라 ⟨이눈 종도들이 예수로 더브러 ᄒᆞᆫ 가지로 영광 즁에 안자 만민을 심판홈이니라⟩

ᄯᅩ 내 일홈을 위ᄒᆞ야 ⟨고 예수룰 위ᄒᆞ고 젼ᄒᆞ고 사ᄅᆞᆷ의 령혼 구ᄒᆞ기룰 힘쓰고⟩

나 ᄌᆞ미나 부모나 ᄌᆞ식이나 뎐토룰 ⟨훈 베드거⟩

ᄇᆞ리쟈마다 빅빅나 밧고 ᄯᅩ 영셩을 유업으로 엇으리라

[져혀] 종도들이 가졋던 바 모든 거슬 다 ᄇᆞ리고 예수룰 조차 젼교홈으로써 후셰에 큰샹을 밧

고 ᄯᅩ 밧을터히니 일노 조차 가히 알지라 종도 즁에 젼에 혼빅 ᄒᆞ ⟨잇섯시나 그러나 종도 된 후에눈 다 서로 ᄯᅥ낫시니 이눈의 심이 업ᄂᆞ니라⟩

다 ᄇᆞ리지 아니ᄒᆞ면 능히 나의 뎨ᄌᆞㅣ 되지 못ᄒ리라

[신약] 이와 ᄀᆞᆺ치 너희 즁에 누구던지 잇ᄂᆞᆫ 바롤 〔쟝루가복음十四쟝三十三졀〕

조권 솔이 잇스니 예수의 엄명을 거역ᄒᆞᄂᆞ니라

[져혀] 그런즉 쳐 조권 솔이 잇스면 엇지 능히 다 ᄇᆞ렷다 ᄒ리오 렬교 목ᄉ들은 다 혼취ᄒᆞ야 쳐

百十七　四 젼교ᄉᆞㅣ 슈졍ᄒᆞᄂᆞᆫ 연고ㅣ라

[신약] 바울이 골ㅇ더 너 회들이 〔고린도젼셔七쟝三十二졀〕 ⟨우리도 영 고 넘려⟩

근심 업기룰 원ᄒᆞ노니 ⟨쳐ᄌᆞ와 가ᄉᆞᆷ도 노라보눈 노라ᄒᆞ심이라⟩

쟝가업눈 쟈눈 쥬의 일을 넘려ᄒᆞ야 엇더케 ᄒᆞ여야 쥬룰 깃브게 ᄒᆞᆯ고 고ᄒᆞ되 ⟨엇더ᄒᆞ기만케 일심으로 쥬의 무움에 엿혓시니⟩

쟝가든 쟈눈 셰쇽 일을 넘려ᄒᆞ야 엇더케 ᄒᆞ여야 안히룰 깃브게 ᄒᆞᆯ고 ᄒᆞ며 ⟨운 무움이 임의 셰쇽 일에 엿혓시니 / 운 지능히 젼심으로 쥬룰 셤기리오⟩

시집 아니 간 쟈눈 쥬의 일을 넘려ᄒᆞ야 몸과 신을 다 거룩게 ᄒᆞ려 ᄒᆞ되 ⟨쟈눈 쳥ᄒᆞ며 조긔 령혼 육신을⟩

시집 간 쟈눈 셰쇽일을 넘려ᄒᆞ야 엇더케 ᄒᆞ여야 쟝부룰 깃브게 ᄒᆞᆯ고 ᄒᆞᄂᆞ니라 ⟨분인 심되기눈 남명이나 다기눈 미ᄒ가지이나 부⟩

내가 이 말을 (혼비와 의론한신 말훔을) 한거시 너회롤 유익게 한랴 훔이

오 (유익은 슈졍훔을 국르침이라) 을 결박한랴 훔이 아니니 오직 너회로 한여곰

리치에 합한게 한야 (셰쇽에 견련훔이 업시 섬김이 리치에 한훔이라) 쥬롤 봉스케 한랴 훔이라 분요훔이 업시

(뎡) 텬쥬교스ー 혼취 아니한는 법을 직힘은 무

일우는 바탕이 되니 심히 아룸답도다

百十八 五 텬쥬교스ー 슈졍한야 슌편훔이 만한니라

대뎌 텬쥬교스의 칙임은 맛당이 날마다 미사셩졔롤 봉헌한며 셩심으로 쥬씌 긔도한며

심 잇는 쟈롤 위로한며 환난당한 쟈롤 붓들며 우몽한 쟈롤 국르치며 거룩한 도롤 널니 젼한

눈딕 잇스니 비록 오(대) 쥬만국에 멀고 갓가옴을 의론치 말고 진쥬롤 아지 못한 사룸이 잇스

면 당맛당이 산을 넘고 바다홀 건너 험한 길홀 무릅쓰고 가셔 도롤 젼한시던 하로집을 삼고

스히 인민으로 형뎨롤 삼느니 만일 교스로셔 또한 혼취롤 한양이면 종도 바오로의 말숨곳

진교스매

치임의 혼비한 쟈눈 가스에 골몰한야 아모조록 그 안히의 무옴을 깃겁게 한기로 도모 홀거

시오 또한 무옴과 뜻이 지물과 물욕에 얽힐거시오 멀니 떠나매 셔로 그리운 싱각이 나고 침

셕 등졀에 번거러 옴이 잇슬거시오 몸은 밧긔 잇스나 무옴은 집에 잇스리니 엇지 능히 루만

아니한눈 법을 셰우심은 진실노 갓가지 조당을 업시코져 한심이니라

리 바다홀 건너 위험을 불고 쥬명을 봉힝한리오 그런고로 예수ー 문도롤 위한샤 혼취

혹이 골으딕 오륜을 위한야 말홀 진대 혼비가 동졍에 비거나 한니 비록 교스라도 또한

불가불 폐치 못홀지니라

답왈 만일 오륜으로써 즁홈을 삼은즉 취쳐한야 즈녀ー 업스면 또 반듯시 쳡을 두어 즈식 보

기롤 도한랴나ー 싱각건대 신약으로 더브러 크게 합지 아닌줄노 녁이노라 (또 百十四

호와 百十五호에 보라) 그런고로 즈식이 업스매 가히 쥬명을 텽슌홀거신죽 안히가 업서

도 또한 가히 원통이 녁이지 못홀지니 굿한야 안히 업눈 거시오로써 말의 빙즈롤 삼느뇨

百十九 六 슈졍훔이 비록 어려오나 그러나 쥬씌 군졀이 구한면 가히 보호한심을 받느

니라

혹이글ㅇ되죵신토록슈졍홈은인력으로능히ᄒ지못ᄒ바ᅵ어늘너희뎐쥬교법률은사
름을강박ᄒ야직희게ᄒ지아니ᄒ나
답왈죵신토록슈졍홈은인력으로능히ᄒ지못ᄒ나ᄯ혼심ᄒ지아니
나사름의힘으로ᄒ지못ᄒ거슬뎐쥬의힘을의뢰ᄒ야능히ᄒ나니고로뎐쥬교법스ᅵ몬져
맛당이여러희동안에몸을닥고ᄆ음을셩찰ᄒ며뎐쥬씌믁샹긔노ᄒ기를임의오래ᄒ야
능히그몸을직희힐만ᄒᄒ줄을대략안연후에야ᄯᆺ을밍셰ᄒ야슈졍허원을발ᄒ는거시오감
뎡ᄒ신바ᅵ오죵도로브터즉금ᄭ지준힝ᄒ니웃편에임의변빅ᄒ엿시되교스되고
히결단치못ᄒ느니라우리교즁에교스들이혼취아니ᄒ는법을직희니이는오쥬예수의
아니됨은각사름이온젼이즈긔임의로ᄒ눈거시오일뎡코강박지아니ᄒ니혼취ᄒ고아
너힘도ᄯ혼각사름이즈량ᄒ야임의로ᄒ는거시니라

百二十七 슈졍ᄒ눈쟈ᅵ하ᄂᆯ에셔반드시큰샹을밧느니라

은 뎡졀을직 흰쟈들 음녀로더브러더렵게ᄒ지아니ᄒ고
훈쟈들 음녀로더브러더렵게ᄒ지아니ᄒ고

엇은십스만스쳔인외에는능히학습홀쟈ᅵ가업스니며들
래룬ᄒ니새로온노래굿ᄒ더이노래는ᄯᅡ회셔구쇽홈을 정졀이잇는쟈ᅵ라고양이어ᄂ곳으
로가던지ᄯᆞ라가ᄂ지라

百二十 八 예수ᅵ쳔히표양을셰우셧시니그문도된쟈ᅵ진짓맛당이직홀지니라 친근이뢰시 정졀을직훈쟈들어고양이신예수틸
슬프다뎐쥬예수ᅵ이셰샹에ᄂ리심은다만슈고슈난ᄒ샤사름을구쇽고져ᄒ심이니그런고로나시매평싱동졍이신
라ᄯ혼스스로표쥰이되샤사름을권ᄒ고져ᄒ심이나
마리아룰간퇴ᄒ샤모친을삼으시고ᄯ혼졸셰동졍이신대셩요셉을간션ᄒ샤기르ᄂ아
비룰삼으시나하ᄂᆯ에셔눈부친이업소시며동졍셩인요안을
문져보내샤앞흘삼으시고요왕죵도룰다룬이보다겨외로샤랑ᄒ심은그쇼년으로브터
동졍을직희여혼취ᄒ지아님ᅵ으로불너죵도룰삼으시고십즈가샹에게셔동졍이신모친

울 동졍이 신죵도 요왕의 게부탁ᄒ셧시니 동졍 직희ᄂᆞᆫ 사룸을 예수ー 극진히 ᄉ랑ᄒ심을
가히 알지니라

百二二 ◉교 즁의 도리와 법률은 크고 젹음을 의론치 말고
다맛 당이 밋고 직흴지니라
혹이 글은디 큰덕은디 경을 밧고 지아니ᄒ고 젹은덕은 넘나드ᄂ니 예수룰 밋으매 다만그
도의 큰슷츨 밋는거시 쪽ᄒ거눌 하필 낫낫치 다 밋어야 ᄇ야ᄒ로 예수의 진교가 되라
디 답ᄒ디 아니라 그디의 말이 그르도 다 뎐쥬의 거룩ᄒ 말슴을 슌편ᄒ거신 준힝ᄒ고 불편
ᄒ거손 폐ᄒ 양이면 사룸의 스스 슷을 ᄯ로는 거시 더 옥쉬 오리니 엇지 이런 도리 잇스리오
뎐당디 옥에 관계 되ᄂᆞᆫ 바 즁대ᄒ 도리를 박려 빅에 ᄒ나 홀 보존치 아님이 가ᄒ랴 이에 신약
을 잇 그러 즁거ᄒ노라

진교ᄉ패

七十五

마태복음 八쟝 二十졀 예수ー 글ᄋ샤ᄃᆡ 무어시던지 내가 녀회
이노 예수ー 종도들 명ᄒ샤 만민을 교훈ᄒ디 당
게 분부ᄒ거슬 다 굴르 쳐 직희게 ᄒ라
신이 명ᄒ신 바 도리와 법률을 올다맛 당히 밋고 준힝케 ᄒ라ᄒ심이니라

百二三 [신약] 마태복음 五쟝 十八졀 예수ー 글ᄋ샤ᄃᆡ 진실노 너회ᄃ려 닐ᄋ
ᄂ니 뎐디가 폐ᄒ기 젼에ᄂ
이하 날과 ᄯᆞ히 ᄆᆡ ᄒ지 아닌 젼에 내말 이반 두시 모젹일 우리라 ᄒ심이라 룰
법의 ᄒ 졈과 ᄒ 획이라도 능히 폐ᄒ지 못ᄒ고 반두시 다 일
우리타 그런고로 누구 던지 이 계명 즁에 져 극히 젹은 것ᄒ
나히라도 범ᄒ고
은 마치 렬고 인들 이 예수의 명ᄒ신고 법을 가쳐 지극히 젹 거시라 ᄒ 약 범ᄒ고 폐ᄒ 기룰 과탄 업시 홈이 니라
또 그 ᄀᆞ치 사룸을 ᄀᆞ르 치ᄂ 쟈ᄂ
소 마소 치렬고 목ᄉ들 이사 룸을 ᄀᆞ르 치디 훈거손 굿ᄒ야 직힐 거시 아니라 라디
뎐국에 셔
이심 니판 날 라
지극히 젹다 닐 ᄏᆞ룰 거시오
ᄒ니라ᄂ 명을 지 만일 국히 뎐 젹쥬 다계

호야 긔탄업시 사룸을 ᄀ르쳐 폐ᄒ여도 판
녀룰 보시기룰 지극히 젹은 사룸이오 무용지물노
안심날에 텬쥬ㅣ 또ᄒ 목으로 십지ᄒ
라 이 참예홈을 졔ᄒ시리라
이 칙에 긔록ᄒ 셩명칙과 (국산업이라)
칙에 미리 말ᄒ 말에셔 (쳥경칙과 각셩 의말이과라)

百二四 【신약】 묵시록 二쟝 十九졀 예수ㅣ ᄀ로ᄉ샤디 안일 누구던지어
(얼마룬 졔ᄒ면 샹뎨가 밋거룩ᄒ 셩에 거룩ᄒ읍 눈텬당)
라라아니시

그 일홈을 승텬ᄒ는 칙에셔 샤ᄒ시리라
【졀혀】 렬교인은 예수의 계명을 가져 긔탄업시 샤ᄒ고 폐ᄒ 기룰 구쟝 만히 ᄒᄂ 텬쥬ㅣ ᄯᅩᄒ
【신약】 요한복음 八쟝 四十六졀 예수ㅣ ᄀ로ᄉ샤디 내가 진리룰 말ᄒ 매 엇시
리라

ᄒ야 나룰 밋지 아니ᄒᄂ뇨 샹뎨ᄭᅦ 쇽ᄒ 사룸은 샹뎨의 말

七十六

진교ᄉ패

울도 둘터히로 더 너회들이 듯지 아니ᄒ옴은 너회들이 샹뎨
치쇽ᄒ지 아니ᄒ옴이로다
니ᄒ나 나ㅣ 두리건대 ᄒᄂ님의 사룸이 아닌가 ᄒ노라 【진교ᄉ패】
예수교인은 예수룰 공경ᄒ며 ᄒᄂ님을 공경ᄒ다 ᄒ면셔도 ᄒᄂ님의 말ᄉᆞᆷ을 듯지 아
이제 텬쥬교와 예수교의 진가룰 대략 변론ᄒ야 ᄇ릭셧시매 마치 태양이 동편에 돗으매 모든
희미ᄒ거시 업서 짐굿ᄒ지라 엇지면 영미국 모든 예수교인이 다 텬쥬교에 도라와 ᄉ빅년
젼과 굿ᄒ 목쟈 되고 ᄒ우리 되여 신후에 서로 갈나지 아니ᄒ면 엇지 이 크게 쾌ᄒ 일이 아니
리오나 날노 비라노라 쳥컨대 ᄲ로데스당 모든이 눈이 글노써 나룰 듯ᄒ지 말진더

진교ᄉ패 죵

예수진교 스쾌

한국기독교 140주년 기념

발행일 : 2025.10.02

저 자 : 동중화(董中和)신부, 번역 한기근 신부

발행인 : 윤영수

발행처 : 한국학자료원

주 소 : 은평구 연서로37길 40-1

전 화 : 02)3159-8050

팩 스 : 02)3159-8051

문 의 : 010-4799-9729

등록번호 : 제312-1999-074호

ISBN 979-11-7417-051-4 (93230)

* 잘못된 책은 바꿔 드립니다.

이 책은 저작권법의 보호를 받는 저작물입니다.

무단 전재와 복재를 금하며 책의 내용 일부나

전체를 사용시 한국학자료원의 허가를 요합니다.

정가 120,000원